Bernd Arnold

Die Welt der Neuen Bilder
Dokumentarische Fotografie und KI

www.morisel.de | mail@morisel.de

Bernd Arnold

Die Welt der Neuen Bilder
Dokumentarische Fotografie und KI

Über die zukünftige Fotografie
und die digitale Komposition politischer Ereignisse

ISBN: 978-3-943915-60-0

Text, Bild und Gestaltung: Bernd Arnold, Köln
Lektorat: Astrid Windfuhr, Köln
Druck: Interpress, Budapest
Umschlagbild: Dichografie, ki/mi-generiert

www.berndarnold.de | mail@berndarnold.de

Die Deutsche Bibliothek verzeichnet diese Publikation in der Deutschen Nationalbibliografie; detaillierte bibliografische Daten sind im Internet über http://dnb.de abrufbar.

Die Buchveröffentlichung wurde unterstützt durch
VISUM - Agentur für Fotografie

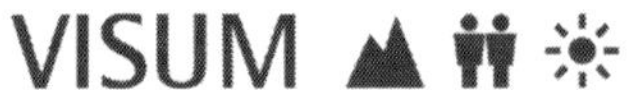

Bernd Arnold

Die Welt der Neuen Bilder

Dokumentarische Fotografie und KI

Über die zukünftige Fotografie
und die digitale Komposition politischer Ereignisse

Annäherung in drei Essays

morisel

Inhaltsverzeichnis

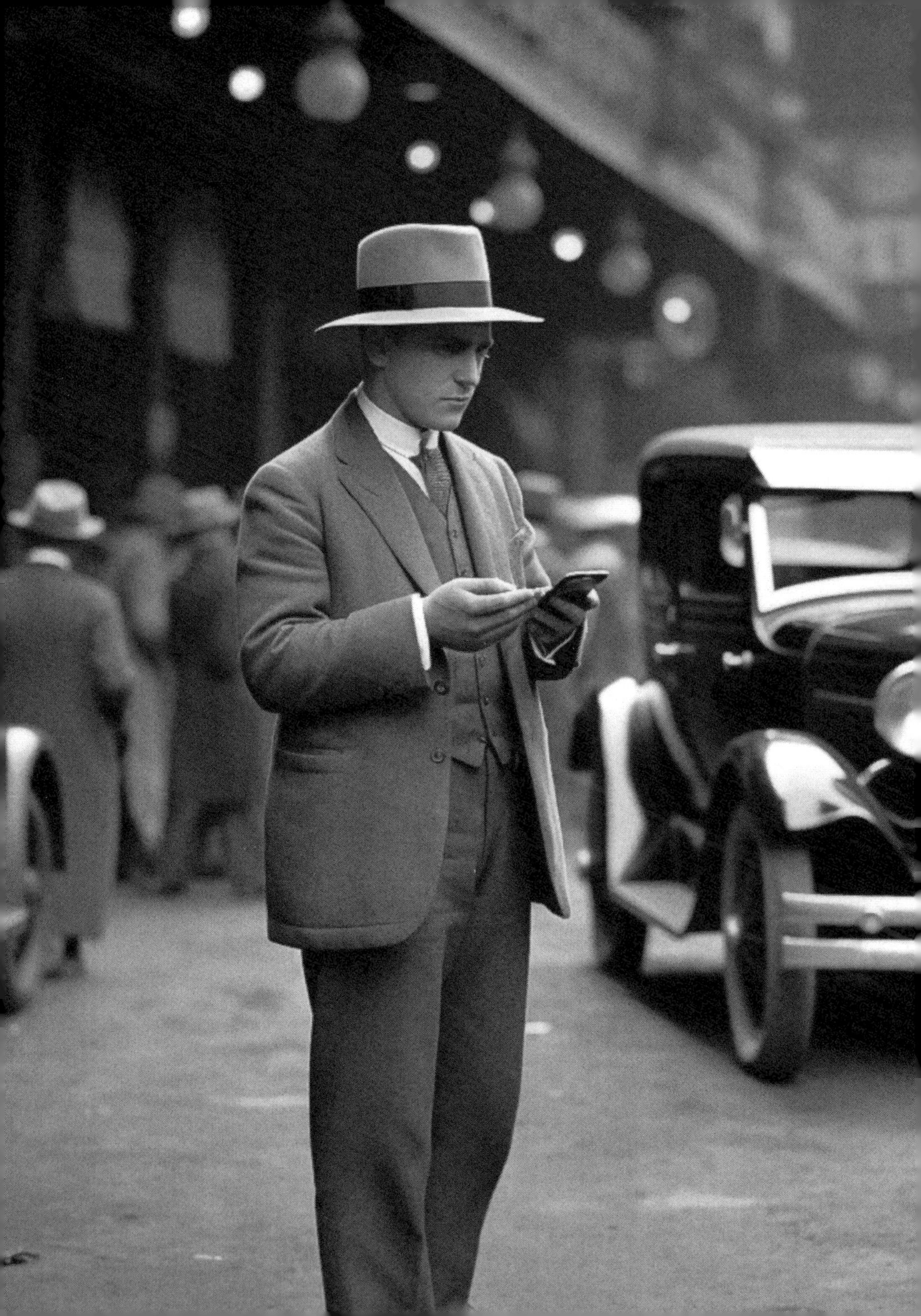

Vorwort

»Wir verlassen eine Zivilisation und schaffen eine völlig neue durch die Veränderung der Beziehung zur Bildwelt …« (Guy Meyer)[1]

Von den ersten unbeweglichen Höhlenmalereien auf Stein, Malereien auf Leinwand, Fotografien auf Papier bis hin zu den mobilen Displays – die Mediengeschichte ist technologisch betrachtet auch eine Geschichte der Bildträger. Es sind materielle Oberflächen, auf denen die Spuren der Menschen als Wissen festgehalten werden, sichtbar sind und weitergetragen werden. Nun steht mit den KI-Bildgeneratoren ein Wendepunkt für die menschlichen Sinne an: Sie verschieben die Relationen in der Wahrnehmung von Realität, abgebildeter Realität und den neu hinzu gekommenen Imitaten einer KI-generierten Realität. Das hat Folgen für die Wahrnehmung von Authentizität in der Fotografie, die in zwei Richtungen führen: Die dokumentarische Fotografie wird an Relevanz zunehmen und die digitalen Kompositionen von Realität werden die Bilder einer neuen Welt sein.

Die Veränderung der Beziehung zur Bildwelt, die auf einen Epochenwandel hindeutet, hat mit der Einführung der digitalen Fotografie und mit ihrer technologischen Erweiterung einer massentauglichen Einführung von KI-generierten Bildern eine Entwicklung erreicht, mit der nicht nur dokumentarische Fotografie, Fotojournalismus oder historische Fotografien perfekt imitiert werden können, sondern auch ausnahmslos alle Genres der Bildgebung, die es je gab, gibt und noch gegeben hätte. Die Bilder der neuen Welt werden durch ein Zusammenführen aller in der Kunstgeschichte bekannten Bildgebungstechniken ermöglicht, die jetzt und zukünftig von allen Menschen ohne besondere Fachkenntnisse milliardenfach kostengünstig genutzt werden können. Die vielen existierenden Techniken und Arbeitsprozesse, die im Laufe von Jahrtausenden in der Bildproduktion entstanden sind, können

Mann mit Smartphone, ca. 1920
Dichografie, ki-generiert, 2023

nun aus einem einzigen Werkzeug heraus generiert werden. Das ist revolutionär.

Da stellen sich drei Fragen zur **dokumentarischen Fotografie**: In welcher Bildwelt befanden wir uns bisher? In welcher Bildwelt befinden wir uns noch? Und welche steht uns bevor?

Ich möchte mit diesem Buch auf die Dimension des Wandels aufmerksam machen und dazu anregen, die aktuelle Entwicklung in der Fotografie gedanklich auszuweiten oder Ideen zu entdecken, die vielleicht zu eigenen Projekten in der Fotografie oder in KI-generierten Bildproduktionen inspirieren. Dabei sehe ich die **dokumentarische Fotografie** und die **digitale Komposition** eines Bildes als gleichwertige Möglichkeiten, um beispielsweise politische Ereignisse zu visualisieren. Voraussetzung ist, dass beide Bereiche begrifflich voneinander getrennt werden und somit klar als eigenständige und voneinander unabhängige Bildgebungen oder Genre erkennbar sind.

Als langjährig praktizierender Bildermacher bin ich in der Fotografie den Wandel von der analogen Bildwelt zu den digitalen Bildern einer sich abzeichnenden neuen Welt produzierend und reflektierend mitgegangen. Meine Arbeiten sind durch die Gewissheit, dass die analoge Fotografie durch die digitale Bilderwelt eines Tages abgelöst werden würde, beeinflusst. Aus dieser Perspektive möchte ich hier einerseits die Authentizität der Fotografie stärker ins Bewusstsein rücken, um die Bedeutung der dokumentarischen Fotografie hervorzuheben und andererseits möchte ich den Blick auf die Bilder der neuen Welt öffnen. Doch um die Tragweite zu verstehen, was sich mit dem Aufkommen der Neuen Bilder in der Fotografie verändern wird, muss man wissen, was eigentlich die *alte* Fotografie war und wie eigentlich das Vertrauen in ihre Authentizität möglich wurde. Aus diesen Betrachtungen heraus lässt sich schließen, was voraussichtlich von ihr übrig bleiben wird.

Die Übertragung des Lichtes durch eine Camera Obscura und die spätere Erfindung der Fotografie, mit der Lichtspuren auf einem analogen Bildträger fixiert und haltbar gemacht werden konnten, hat, wenn es nur um den chemisch-physikalischen Vorgang des analogen Abbildens von Objekten geht, einen hohen Grad an Authentizität. Dieser einfache und doch so grundlegende Vorgang veränderte sich mit der Digitalisierung der Fotografie. Parallel lässt sich in den letzten drei Jahrzehnten zunehmend auch der Wandel zu einer neuen Bildwelt beobachten. Mit der zukünftigen massenhaften Verbreitung der Bilder, die mit den neu eingeführten und perfektionierten Techniken produziert werden, wird der Blick unerwartet wieder auf den wesentlichen Kern der analogen Fotografie frei: die Authentizität und die damit verbundene technologische Qualität der Erschaffung von Zeitkapseln. Das mag trivial sein, aber diese spezifische Eigenschaft des Mediums, die nur aufgrund der *unflexiblen* oder *starren* Eigenschaft ihres Bildträgers möglich ist, hat zu einer starken und dominierenden Bildwelt geführt, die unser Weltbild bis heute mitprägte.

Diese Glaubwürdigkeit – oder das Versprechen an eine Authentizität des Abgebildeten in einer Fotografie – fand seinen Anfang mit dem Ende der im Mittelalter vorherrschenden Bedeutungsperspektive. Im Weltbild des Mittelalters war die Erde eine Scheibe, Gott hatte seinen Sitz im Himmel und herrschte über das Schicksal der Menschen. Alles änderte sich mit der Entdeckung der Zentralperspektive durch Filippo Brunelleschi im 15. Jahrhundert. Er führte in der Malerei einen dreidimensionalen mathematisch konstruierten virtuellen Raum ein. Mit dieser Entdeckung begann eine andere und neue Erfassung der mit den Augen wahrnehmbaren Welt, die bis dahin nicht vorstellbar war. So beschrieb sein Zeitgenosse Antonio Manetti die Wirkung der inzwischen verloren gegangenen Bilder Brunelleschis, die zum ersten Mal in der Geschichte der Menschheit die Zentralperspektive beinhalteten: »Wenn man das Gemälde auf diese Weise betrachtete, so schien es, als ob, was man sah, die Wirklichkeit selbst sei.«[2]

Die Einführung der Zentralperspektive wurde Ausgangspunkt für die neue vorherrschende Bildwelt. Die Entdeckung, Erforschung, Sichtbarmachung, Verbreitung und Speicherung der Welt mit den Mitteln der Malerei wurde vor fast 200 Jahren durch die Erfindung der Fotografie als bildgebendes Werkzeug abgelöst. Nun waren es die Fotografien, die mit ihrer massenhaften Verbreitung über anderthalb Jahrhunderte die Wahrnehmungen und Interpretationen von Welt weiter beeinflussten. Milliarden Menschen waren motiviert, die gesehenen Bilder in der realen Welt zu finden, nachzubilden, nachzueifern, abzulehnen oder aufzusuchen. Es sind unglaubliche Massen an Fotografien durch die Kanäle der Medien geflossen und die Interpretationen der Abbildungen sind durch die Produzenten und Konsumenten ebenso vielfältig wie kontrovers.

Jede Kultur oder Zivilisationsstufe ist in der Bildherstellung und Verbreitung ihrer Bilderwelt eng mit den vorhandenen Technologien ihrer Zeit verknüpft. Die Bedeutungsperspektive des Mittelalters wurde von der Zentralperspektive der Neuzeit abgelöst. Jetzt erleben wir, neben den vielen großen Veränderungen unserer Zeit, auch das Ausklingen der Bilderwelt der Neuzeit. Das Zeitalter der Fotografie mit seinen chemisch-physikalischen Bildträgern wird durch das Zeitalter mit digitalen Bildträgern und ihren Rekonstruktionen des Abgebildeten, ihren Verarbeitungen mit den Auslagerungen des Entscheidens und Denkens durch Algorithmen und den neu gesetzten künstlich-generierten Realitäten nun für alle in der eigenen Wahrnehmung sicht- und fühlbar, abgelöst.

In einem Interview des Deutschlandfunks mit dem französischen Fotografen Guy Meyer, sagte dieser zutreffend: »Wir hatten die Bildwelt Gottes verlassen, nun verlassen wir die Bildwelt des Menschen – und dann? Sicher ist nur: Es wird eine Parallelwelt sein, die nicht mehr in der Realität verankert ist, […], sondern eine neue Wirklichkeit schaffen wird.«[3]

Und hier setzt das vorliegende Buch an: In drei aufeinander aufbauenden Essays ***Lady Di und der Neue Fotograf*** (1988), ***So habe ich es gesehen*** (2021) und ***Bilder einer neuen Welt*** (2023) beschäftigte ich mich dem Wandel der Fotografie, der seit Jahrzehnten in Bewegung ist. Mein Ankerpunkt bei der Betrachtung des Wandels liegt auf der dokumentarischen Fotografie und dem Fotojournalismus mit den Abbildungen aktueller gesellschaftspolitischer Ereignisse. Hier kommt man dem Kern der analogen Fotografie als Zeitkapsel am nächsten und die Veränderungen der Wahrnehmung der Bilder, die durch die digitale Komposition politischer Ereignisse entstehen, heben sich hier am deutlichsten ab.

Die Veränderung der Wahrnehmung einer Authentizität in der Fotografie, die durch den Wechsel des Bildträgers in Gang gesetzt wurde, mache ich nicht an ästhetisch-künstlerischen Trends oder einer fotogeschichtlichen Entwicklung fest. Die Auswirkungen des Wandels betrachte ich eher aus dem Blickwinkel eines Bildermachers (im weitesten Sinne), der mit den fortlaufenden technologischen Entwicklungen Teil im Räderwerk der Prozesse von Produktion und Verbreitung von Bildern ist und sich mit der zunehmenden Veränderung der eigenen Wahrnehmung auseinandersetzt.

Der Übergang zum digitalen Bildträger ist nur eines von vielen Symptomen, die im Verlauf der technologischen Dynamik seit dem 19. Jahrhundert auf einen Epochenwechsel von der Neuzeit zu einer Technologischen Zivilisation hindeuten. Der anstehende Wandel in der dafür aufkommenden Bildwelt scheint weitreichender zu sein als der technische Wandel von der Malerei zur Fotografie. Er lässt sich eher mit der Änderung der Wahrnehmung von Wirklichkeit vergleichen, wie sie bei der Ablösung der Bedeutungsperspektive durch die Zentralperspektive stattgefunden hat. Der Wandel ist von grundlegender Natur und wird die Bildwelt, ähnlich wie Brunelleschis Entdeckung, die nächsten Jahrhunderte prägen.

Bernd Arnold
Köln, 19. Juni 2023

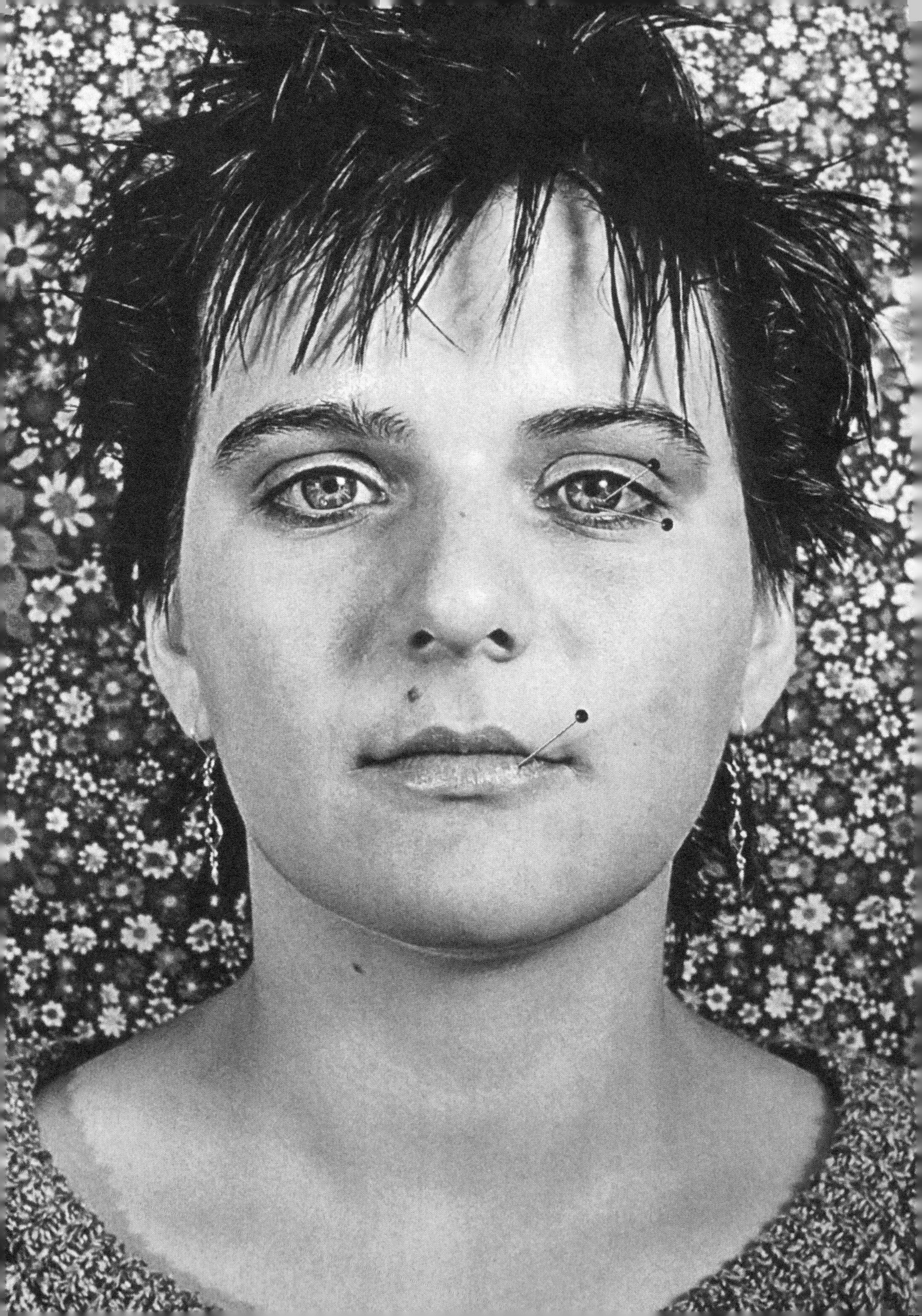

Prolog

Die Verknüpfung von scheinbar nicht zusammengehörenden Bereichen führt nicht selten zu unvermuteten Entdeckungen, die die Betrachtung von Fotografie prägen und im späteren Verlauf die eigene Arbeit verändern können.

Meine erste intensive Begegnung mit einer allgegenwärtigen medialen Bildwelt waren die Fotografien in der Illustrierten Stern. Eine zweite wichtige Begegnung war das Fotobuch ***Menschen am Rhein*** des Kölner Theaterfotografen Chargesheimer. Zu dieser Zeit (1970) war er mit seinem Fahrrad, das er als Stativ-Ersatz nutzte, unterwegs, um sein letztes Buch ***Köln 5 Uhr 30*** als »einen melancholischen Abgesang an ›seine‹ Stadt Köln, die im Beton zu erstarren drohte«[4] fertigzustellen. Eine dritte eindrucksvolle Begegnung waren rückblickend die Inszenierungen am Kölner Schauspielhaus in denen – in einem durch Schauspieler, Bühnenbild, Licht und Ton gefüllten und einem virtuellen 3D-Guckkasten gleichend – die dargebotene verdichtete Realität *wirklich* schien und doch nicht *echt* war.

Die Betrachtung der Fotografien in Illustrierten, die Fotografien der Menschen am Rhein und der Besuch der Theaterinszenierungen, wo ich aus der Perspektive einer seitlich gelegenen Loge gleichzeitig Bühne und Publikum einsehen konnte, haben mein Bild der Welt oder besser Weltbild wesentlich mitgeprägt. Die dokumentarischen Fotografien wie auch die Inszenierungen des Theaters eröffneten mir in ihrer Verknüpfung eine ungewöhnliche Welt. Es war ein Blick in Wirklichkeiten außerhalb meiner fühl-, riech-, hör-, schmeck- und sichtbaren alltäglichen Lebenswelt. Es war eine mediale Welt.

Portrait 1985, Baryt Abzug 27×18cm auf Karton aufgezogen, Fotografie und Collage 1985

Mitte der 1970er Jahre erwarb ich für meine ersten Dunkelkammerversuche das Taschenbuch ***Die neue Fotolehre*** von Andreas Feininger. Die Erstausgabe erschien 1965 und befand sich bereits 1976 mit der deutschsprachigen Version in der Auflage 118.–129. Tausend. Es wurde »als ultramodernes Lehrbuch« mit »27 Abbildungen, 8 in Farben« angepriesen und führte zur Entscheidung, mich zukünftig der Fotografie zu widmen. Der spannendste Teil der Fotolehre waren die Ausführungen über das fotografische Sehen. Gleich zu Anfang resümierte Feininger über das größte Missverständnis seiner Zeit, dass die Kamera nicht »lügen« würde: »Die weitaus meisten Fotos sind ›Lügen‹ in dem Sinne, daß sie nicht vollkommen der Wirklichkeit entsprechen: Sie sind zweidimensionale Abbildungen dreidimensionaler Objekte, Schwarzweiß-Bilder farbiger Wirklichkeit, ›starre‹ Fotos bewegter Objekte.« Obwohl die Fotos »lügen«, so ist doch »jedes Foto gleichzeitig eine getreue und authentische Wiedergabe eines Objekts oder eines Geschehnisses in dem Augenblick der Aufnahme. Dieses scheinbare Paradoxon erklärt sich dadurch, dass ein Foto eine authentische Abbildung alles Sichtbaren ist, das im Bereich des Objektivs lag, […]«.[5] Dieser scheinbare Widerspruch war beeindruckend, denn das Gesehene und das Abgebildete waren nicht dasselbe und doch konnte das eine ohne das andere nicht sein. Beides stand in einer voneinander abhängigen und sich beständig verändernden Wechselbeziehung.

Fotografie war im Alltag der Menschen noch ein unangefochtenes Medium, wenn es um einen möglichst authentischen oder *ungeschminkten* Blick auf andere Lebenswelten, Zeugenschaft oder Persönlichkeiten ging. Unabhängig von der Subjektivität der Fotografen, der Interpretation der Bilder oder deren Wahrnehmung war Fotografie, neben dem Fernsehen, zu dieser Zeit das Fenster zur Welt. Der Fotojournalismus war eine erweiterte Realität, wie auch immer sie intendiert oder interpretiert wurde.

Dagegen waren die Bilder des Theaters eine fiktiv-künstliche Inszenierung von Welt, oder man könnte einen Zusammenhang mit

KI-generierten Bildern herstellen und von einer alterierten Imitation von Welt sprechen. Nur, was haben diese drei *frühzeitlichen* Begegnungen mit einer medialen Bildwelt und der Beschäftigung zur aktuellen Entwicklung der dokumentarischen Fotografie, der digitalen Zeitenwende und KI zu tun?

Nun, mit dem Aufkommen der Frage, mit welchem Medium (Fotografie oder Theater) ich arbeiten wollte, entschied ich mich für ein Werkzeug, das die Türen der mich umgebenden realen Welt öffnen sollte, statt mich hinter verschlossenen Türen mit der imitierenden Bilderwelt eines dunklen Theaterraumes zu beschäftigen. Mir schien Fotografie das modernste aller Medien zu sein und ich begann 1983 an der Fachhochschule Dortmund ein Studium der Fotografie (Visuelle Kommunikation) und wendete mich im Verlauf dem Schwerpunkt Bildjournalismus zu, der den Lebenswelten der Menschen am nächsten lag. Damit war klar: Um den Kreis meines Werkelns zu schließen, müsste ich mich irgendwann wieder mit der Inszenierung und Imitation von Welt auseinanderzusetzen, die mir im Theater begegnete.

Im Verlauf des Studiums erhielten die Fotostudenten die Aufgabe, eine Hypothese zu erstellen mit dem Ziel, das wissenschaftliche Arbeiten mit Quellen und Zitaten zu erlernen. Da sich die medienwissenschaftliche Ausbildung auf eine Unterstützung für die praktische Umsetzung von Bildfindungen bezog, nahm ich mir vor, einen Gedanken zu entwickeln, der mir in Bezug zur eigenen Fotografie Erkenntnisse bringt, die für meine zukünftige Arbeit hilfreich sein könnten.

Mein Ausgangspunkt für die Erstellung einer praktisch einsetzbaren Hypothese war die Einführung einer neuen Technik der Bildaufzeichnung mittels digitaler Sensoren, die Canon im Herbst 1986 auf der weltweit wichtigsten Messe für Fotografie, der Photokina,[6] in Köln vorstellte. Damit rückte erstmals ein Vorläufer der Digitalkamera, ein Still-Video-System für den professionellen Einsatz, in mein Blickfeld.

Während meiner Studienzeit war der Fotojournalismus noch allgegenwärtig und die Zeitungen, neben dem Fernsehen, als Leitmedien im Mittelpunkt der Gesellschaft verankert. In den Bildredaktionen der Magazine gab es für Fotografen verlässliche Aufträge mit üppigen Budgets, größere Reportagen oder Portraitserien zu produzieren, die opulent über mehrere Doppelseiten präsentiert wurden. Damit gab es für die Bildproduzenten über viele Jahre hinweg die bezahlte und privilegierte Möglichkeit, eigene ästhetische Ansätze und thematische Vorlieben zu entwickeln.

Durch die schon in den 1960er Jahren eingeleitete Übernahme der tagesaktuellen Schnellbotschaften durch das Fernsehen[7] entstand zudem Raum für tiefergehende Reportagen und führte in ihrer erweiterten Qualität im Laufe der Zeit zur Autorenfotografie, die ihren Publikationsradius nach und nach in den Ausstellungskontext erweiterte. Hinzu kam, dass die Neugier der Zeitungsmacher auf die neu entstehenden Bildserien sehr groß war, denn es gab kaum Vorgaben und viel zu entdecken.

Aber der wichtigste Faktor war: Zeit. Das **Analoge** ist langsam. Es braucht Dauer und Ausdauer. Man hat viel Zeit zum Nachdenken und viel Zeit, in die Tiefe zu gehen.[8] Man wusste teils wochenlang nicht, was auf dem Bildträger (Negativ/Dia) an Lichtspuren sichtbar, noch übrig oder nur eingebildet war. In der Dunkelkammer dauerte es Tage, bis man eine Serie an Fotografien vergrößert hatte. Das *Sich-Zeit-Nehmen* war ein wesentlicher Teil der Arbeit und je mehr man hatte, desto tiefgehender konnten die Ergebnisse sein, falls der Fotograf oder die Fotografin es denn darauf anlegte.

Als Voraussetzung für das Entwerfen meiner 1987 entstehenden Hypothese kamen gleich mehrere Ereignisse zusammen: Geradezu unauffällig wurde im Herbst 1986 auf der Kölner Photokina der erste Vorläufer einer professionell anwendbaren Digitalkamera als Still Video System (SVS) mit dem Untertitel »Die Revolution in der visuellen Kommunikation« vorgestellt. Die Canon RC-701 war mit einem ca. 380.000 Pixel Color CCD-Chip ausgestattet, über dessen Ausgangssignal die Daten analog auf einem Magnetband oder Floppy gespeichert wurden. Eine Wandlung ins Digitale fand dann bei der Übertragung auf den Computer statt. In der Spezial-Ausgabe der Photokina 1986 wurden in einem A3-Prospekt auf vier Seiten ausführlich die Vorzüge der neuen Technik beschrieben. Der einleitende Marketingtext müsste eigentlich als die wahrheitsgetreuste und tiefgreifendste Prophezeiung der Zukunft in die Geschichte eingehen:

»Das neue Still Video System von Canon eröffnet völlig neue Perspektiven in der visuellen Kommunikation. Canon Still Videos ermöglichen die unmittelbare Wiedergabe von hochauflösenden Colorbildern. Herkömmliche chemische Prozesse entfallen. Die Video-Bilder können via Telefon in die ganze Welt übertragen werden und als Papierbilder hoher Qualität ausgedruckt werden. Canon SVS ist derzeit das erste System dieser Art auf dem Weltmarkt. Es revolutioniert die professionelle Bild-Kommunikation.«[9]

Wow! Natürlich war die neue Technik für Fotostudenten unbezahlbar.[10]

Es ist wichtig zu wissen, dass in dieser Zeit die chemisch-basierte Fototechnik auf ihrem Höhepunkt angelangt war und der Kauf einer Kamera oder eines mechanischen Vergrößerungsgerätes (hier wurde das Bild eines Negativs mit Licht auf das noch unentwickelte Papier projiziert und belichtet) eine Investition war, die über 10–30 Jahre oder gar lebenslang nachhaltig und ressourcenschonend nutzbar war. In der damaligen Fotoszene war es undenkbar, dass die (damals noch nicht so genannte) analoge Fotografie jemals aus dem allumfassenden Fotouniversum verschwinden könnte.

Als Ergänzung zur Gestaltungslehre bei Hans Meyer-Veden und zum Schwerpunkt Bildjournalismus bei Adolf Clemens betrieb ich parallel zum Studium ab Juli 1987 für ein Jahr als freier Mitarbeiter im Auftrag des Kölner Stadt-Anzeiger tagesaktuellen Fotojournalismus. Für heutige Verhältnisse war der zeitliche und finanzielle Aufwand der Fotoproduktion enorm groß. Nach den Fototerminen wurden die abgegebenen Filmrollen durch eine engagierte Fotolaborantin unter dem Dach des DuMont-Verlages an der Breite Straße in Köln entwickelt, was im Sommer bei der Temperatureinhaltung der Chemikalien durchaus nicht einfach war. Nachdem ich unterhalb meiner Favoriten Kerben in das Negativ geschnitten hatte, wurden diese für den Ressortleiter zur Auswahl vergrößert und das von ihm oder dem zuständigen Redakteur oder der Redakteurin ausgewählte Bild am nächsten Tag gedruckt.

Bei der verzweifelten Suche nach fototheoretischen Schriften, die sich nicht mit der Frage »Ist Fotografie Kunst?« beschäftigten, fiel mir 1985 in der Kölner Buchhandlung Walther König die veröffentlichte brandneue deutsche Ausgabe von Roland Barthes ***Die helle Kammer*** in die Hände. Die Schriften und Einführungen zur Semiotik von Umberto Eco oder Charles W. Morris waren mir bereits bekannt. Umso mehr begeisterte mich ergänzend im Essay von Barthes die – fast schon poetisch beschriebene – Eigenständigkeit der Fotografie und Unabhängigkeit vom gängigen Kunstdiskurs. Hier fand ich meine eigene Faszination bei der Betrachtung von Fotografien widergespiegelt: Die in jeder Fotografie enthaltene Historie eines Davor, Danach und Daneben, die emotionale Beziehung desjenigen, der das Bild machte und desjenigen, der es betrachtet. Er bezeichnete, jenseits von Kunst und Kommunikation, das Fotografierte, bzw. den »Referenten« als »spectrum« in Anlehnung eines Spektakels, das jeder Fotografie eigen ist: »Die Wiederkehr des Toten.«[11] Einleitend zu seinem Essay schrieb Barthes über seine Suche nach dem Wesen der Fotografie: »[...] ich wollte unbedingt wissen, was sie ›an sich‹ war, durch welches Wesensmerkmal sie sich von der Gemeinschaft der Bilder unterschied.«[12] Er fokussierte den Kern der Fotografie auf »die notwendig reale Sache, die vor dem Objektiv platziert war und ohne die es keine PHOTOGRAPHIE gäbe.«

Er stellte fest, dass Fotografie eine unverrückbare Verbindung aus Realität und Vergangenheit ist und verdichtete das Wesen der Fotografie in: »Es-ist-so-gewesen.«[13]

Ebenso fiel mir in einer Ausgabe der Zeitschrift European Photography ein Essay über den elektronischen Fotografen von Joachim Schmid ins Auge.[14] Hier beschrieb Schmid elektronische Werkzeuge, die einem Fotografen in Zukunft zur Verfügung stehen könnten, ähnlich wie sie Canon vorstellte. Er warnte zwar vor den damit einhergehenden Veränderungen, aber mir schien, dass er die konventionelle Fotografie in ihrer kommunikativen Wirkung im gesellschaftspolitischen Alltag unterschätzte, ebenso kam die Auswirkung des digitalen Verarbeitungsprozesses auf den Grad der Authentizität zu kurz, die in vielen Bereichen der Digitalisierung der Gesellschaft noch wesentlich sein würde.[15]

Mitten im aktuellen Geschehen meiner Tageszeitungsarbeit stellte im WS 1987/88 die Hochschule ihren Studenten die Aufgabe, eine Hypothese zu erstellen. Ich setzte den Wechsel des Bildträgers vom Negativ zum Digitalen, die tagesaktuelle Arbeit eines Fotojournalisten am Beispiel des Besuches von Lady Di, das von Roland Barthes erwähnte »Es-ist-so-gewesen« und die prophezeiten neuen elektronischen Werkzeuge eines Fotografen in eine voneinander abhängige Beziehung.

> ***M***eine These: Die Übertragung eines reflektierten Lichtes auf einen Bildträger (z. B. ein Negativ) entscheidet darüber, wie tagesaktueller Fotojournalismus wahrgenommen wird. Diese Wahrnehmung und damit auch letztlich die Bildfindung verändert sich wesentlich, wenn das reflektierte Licht eines abzubildenden Objektes oder einer Szenerie über einen digitalen Bildsensor auf einem Bildträger als binäre Informationen abgespeichert wird.

Doch was hat nun Lady Di mit dem aufkommenden Epochenwandel zu tun?

Essays

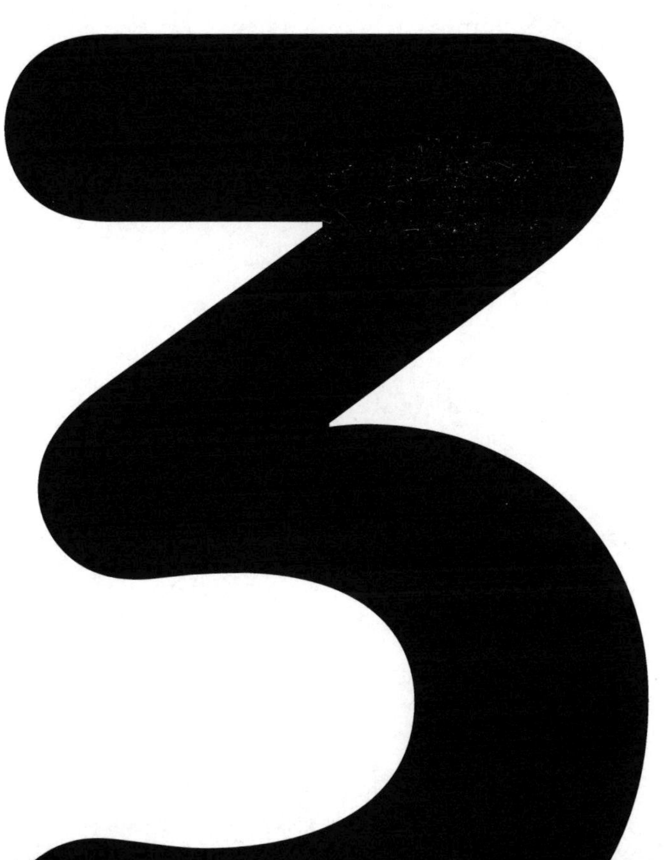

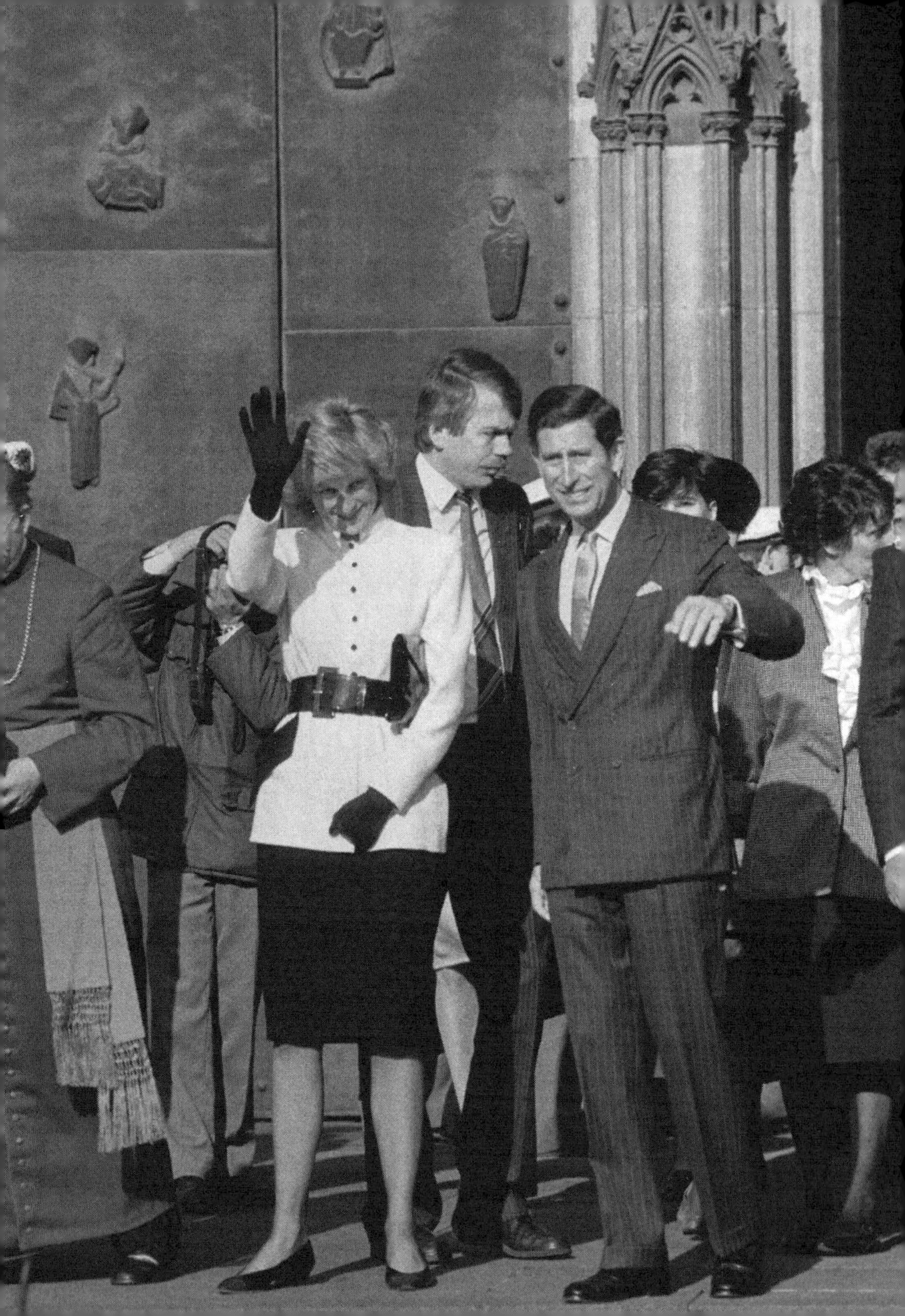

Lady Di und der Neue Fotograf

Die im Winter 1987/88 entstandene Studienarbeit über den Neuen Fotografen und die Zukunft des Fotojournalismus umfasst die technische Entwicklung der dokumentarischen Fotografie mit Blick auf den Grad einer Authentizität bis 1988.

Die Arbeit ist hier im Original belassen, da auch die Atmosphäre jener Zeit den Wandel deutlich macht. So kam beispielsweise erst nach der Jahrtausendwende im deutschsprachigen Raum der Begriff **analoge Fotografie** für chemisch-basierte Fotografie als Abgrenzung (Antonym) zur **digitalen Fotografie** auf.[16]

Einleitung

Auf der Photokina 1986 in Köln[17] wurde eine neue Bildaufzeichnungstechnik vorgestellt, die im Bereich des Fotojournalismus eine grundlegende Veränderung der Authentizität eines Fotos mit sich bringen wird.

Die Veränderung der Authentizität der Fotografie durch die Einführung der digitalen Bildaufzeichnung beschränke ich weitgehend auf den Bereich der Tageszeitung, da im tagesaktuellen Bereich eine besondere Nähe zur Authentizität der Fotografie besteht. Ich möchte zunächst in einer kurzen Form die neue digitale Bildtechnik im Vergleich zur konventionellen Bildaufzeichnung beschreiben. Im folgenden werde ich den Begriff der Authentizität in Bezug zur Fotografie erläutern, um so auf die geschichtliche Entwicklung der fotografischen Verfahren einzugehen. Hierbei werde ich unter der Berücksichtigung der Authentizität den Zusammenhang zwischen neuen fototechnischen Entwicklungen und dem

Lady Di und Prince Charles vor Kölner Dom, 3.11.1987, Fotografie, Baryt Abzug 30×24cm

Grad der Wirklichkeitsaneignung darlegen. Von dort aufbauend werde ich den Wirklichkeitsgrad der authentischen Fotografie beschreiben, um so am Beispiel eines tagesaktuellen Fotos zum Verlust der Authentizität der Fotografie durch die digitale Bildaufzeichnung überzuleiten.

Beschreibung der digitalen Bildaufzeichnung im Vergleich zur konventionellen Silberhalogenidtechnik

Die fortschreitende Entwicklung der Chip-Technologie hatte auch im fotografischen Bereich eine neue Bildaufzeichnungstechnik zur Folge. Die bisherige Aufzeichnung des Bildes bzw. der Wirklichkeit durch Silberhalogenidkristalle (die sich durch das vom Objekt reflektierte Licht chemisch zusammenballen und somit die Tonwerte der Fotografie ausmachen) wird durch die digitale Bildaufzeichnung in naher Zukunft in weiten Bereichen der Fotografie ersetzt werden. Der grundlegende Unterschied zur konventionellen Fotografie besteht darin, dass durch die neue Technologie ein Wirklichkeitsausschnitt digital auf eine Diskette gebannt wird, d. h. die Wirklichkeit in eine elektromagnetisch gespeicherte Information umzusetzen. Die entscheidende Veränderung durch das neue Still Video System (SVS) betrifft den Bildträger.[18]

Das Pixel oder auch der Bildpunkt, der, gleich einem Mosaikstein, Informationseinheit im digitalen Bild ist, kann (was vorher noch eine elektromagnetisch aufgezeichnete Informationseinheit war) auf einem Bildschirm wiedergegeben oder als Papierbild ausgedruckt werden. Bei näherer Betrachtung des Bildes ähnelt die Struktur einem römischen Mosaiksteinboden. Der jetzige Stand der Auflösung des digitalen Bildes bzw. des CCD-Chips liegt etwa bei 1 Mio. Pixel. Die jetzige Auflösung des CCD-Chips kann man mit einem Diskbild vergleichen.[19] Bei einer auf reine s/w Aufnahmen modifizierten Kamera kann man mit einer 25-prozentig verbesserten Bildwiedergabe rechnen.[20] Innerhalb der Tageszeitungsfotografie liegt die Auflösung des digitalen Bildes damit schon im Bereich des Erträglichen.

Mit der Digitalisierung des Abgebildeten ist es nun möglich, Fotos wie andere digitale Informationen beliebig zu verändern. Der festgehaltene Wirklichkeitsausschnitt wird in Verbindung mit einem Computer zum Rohstoff, der vielfältig einsetzbar wird und hinsichtlich seiner Schärfe, Auflösung, Perspektive, Beleuchtung, Farbigkeit, Größe, Kontrast variabel ist. Ganze Bildteile können verschoben werden, verschwinden oder in einem elektromagnetischen Bildarchiv gesammelt werden und dort für andere Bilder wieder zur Verfügung stehen. Der Übergang zum synthetisch hergestellten Bild wird fließend. Das Bild verliert den Charakter der Authentizität, da eine Kontrollierbarkeit wie bei der Negativtechnik nicht mehr vorhanden ist: Die in der Silberhalogenid-Technik in einem chemisch-physikalischen Prozess *festgehaltenen* Informationen sind ohne einen Qualitätsverlust nicht mehr zu verändern. Dieser in zukünftigen Maßstäben *Fehler* ist aber eine grundlegende Voraussetzung für die Glaubwürdigkeit des Fotos, dass der Wirklichkeitsausschnitt authentisch bzw. wahrhaftig ist.

Eine kurze Erläuterung des Begriffes der Authentizität der Fotografie

»... zum Augenblicke sagen, verweile doch!«[21] ist mit der Erfindung der Fotografie möglich geworden.[22] Die Reflexion des Lichtes real vorhandener Objekte wird analog auf einem Negativ festgehalten. Ein Ausschnitt aus der Realität, die nur einen Augenblick dauert, die Zeit der sich bewegenden Realität, wird für einen Moment aufgehalten und fixiert. So ist jedes Foto, unabhängig von seiner technischen Qualität oder vom Grad der Inszenierung,[23] die Fixierung eines vergangenen Wirklichkeitsausschnittes. Im Moment des Fotografierens gefriert die Wirklichkeit zu einem historischen Augenblick, gleich wie banal die festgehaltene Wirklichkeit sein mag. Entscheidend ist die Glaubwürdigkeit, das Bezeugende der Fotografie. Selbst eine subjektive Wahrnehmung des abgelichteten Objektes verhindert nicht die analoge Übersetzung des Lichtes auf ein Papierbild. Der Wirklichkeitsausschnitt wird für den Betrachter des Bildes zu einem Stück Realität. Das Portrait eines Freundes ist nicht ein Foto, es ist der Freund! Man sucht im Gesicht nach Stimmung, nach Veränderung, man sucht in der vergangenen Wirklichkeit, im historischen Augenblick, als wäre er »Hier und Jetzt« vorhanden. Die Fotografie ist eine Spur, die Vergangenes bezeugt.[24] Das Negativ als Träger der Spur versichert uns der Glaubwürdigkeit, der Echtheit des Vergangenen. Denn eine nachträgliche Veränderung des Fotos ist nachweisbar und die Authentizität des fotografischen Dokuments ist damit gesichert.

Geschichte der Fotografie, insbesondere des Fotojournalismus in Bezug zur technischen Entwicklung als Grad der Aneignung von Wirklichkeit

Die Wirklichkeit mit nach Hause zu nehmen, die Alpen in den eigenen vier Wänden zu wissen, die Adria, die Pyramiden, dazu einen Elefanten und andere kleine Abbilder machen die Welt zur eigenen Erfahrung. Mit der Erfindung der Fotografie im Jahre 1839 war es möglich, die Welt mit einer bis dahin nie da gewesenen Präzision wiederzugeben: »… die Zartheit der Umrisse, die Reinheit der Formen … die Ausführlichkeit der allergeringsten Details, das alles findet sich in höchster Vollendung ausgedrückt.«[25]

Die ersten um 1830 entstehenden illustrierten Wochenzeitungen waren bis zu den ersten Daguerreotypien auf Illustrationen angewiesen, die, dem Naturalismus dieser Zeit entsprechend, eine genaue Beschreibung des Ereignisses sein sollten.

Lady Di und Prince Charles vor Kölner Dom, 3.11.1987, Fotografie, KB-Negativ, Scan 2019

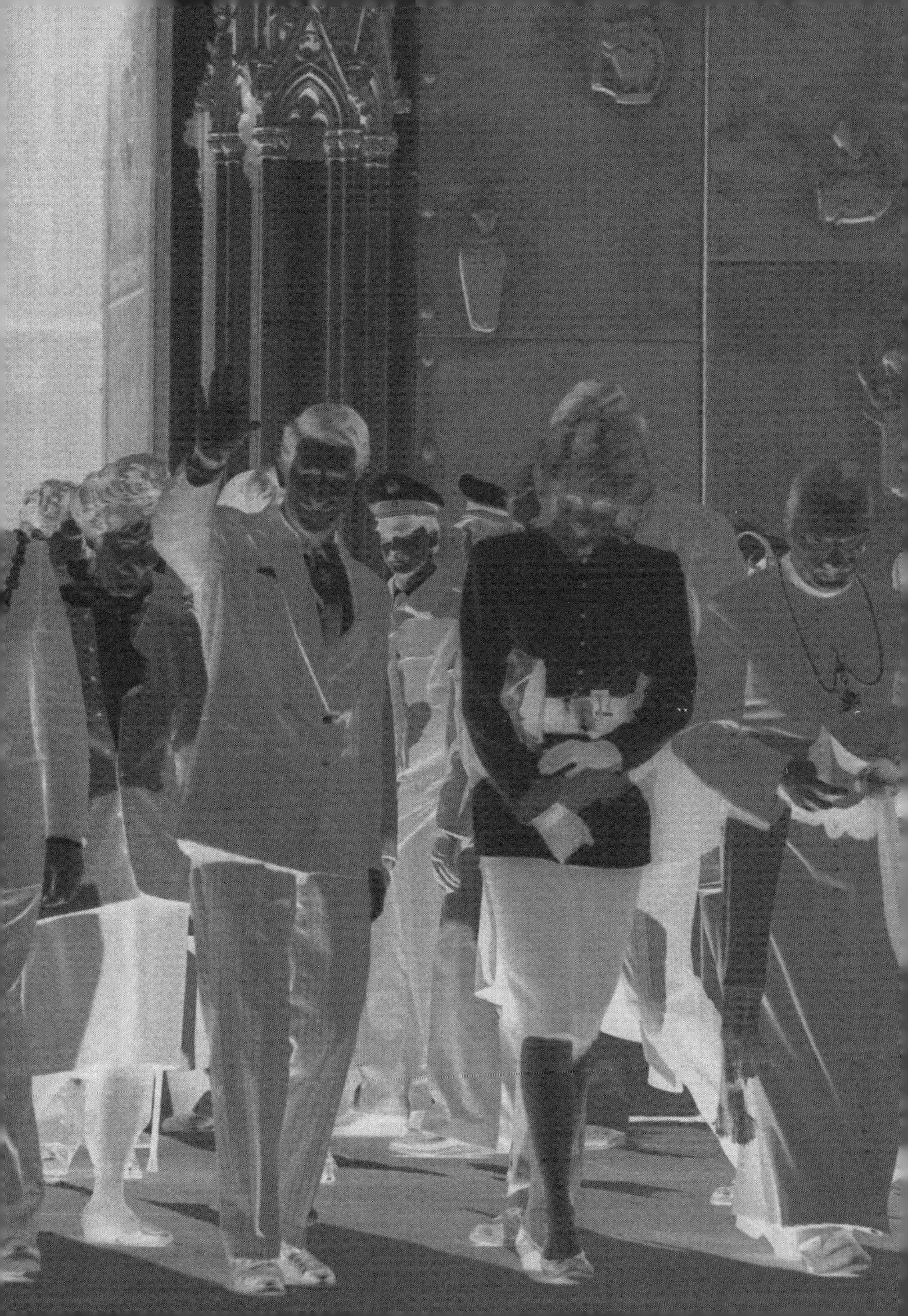

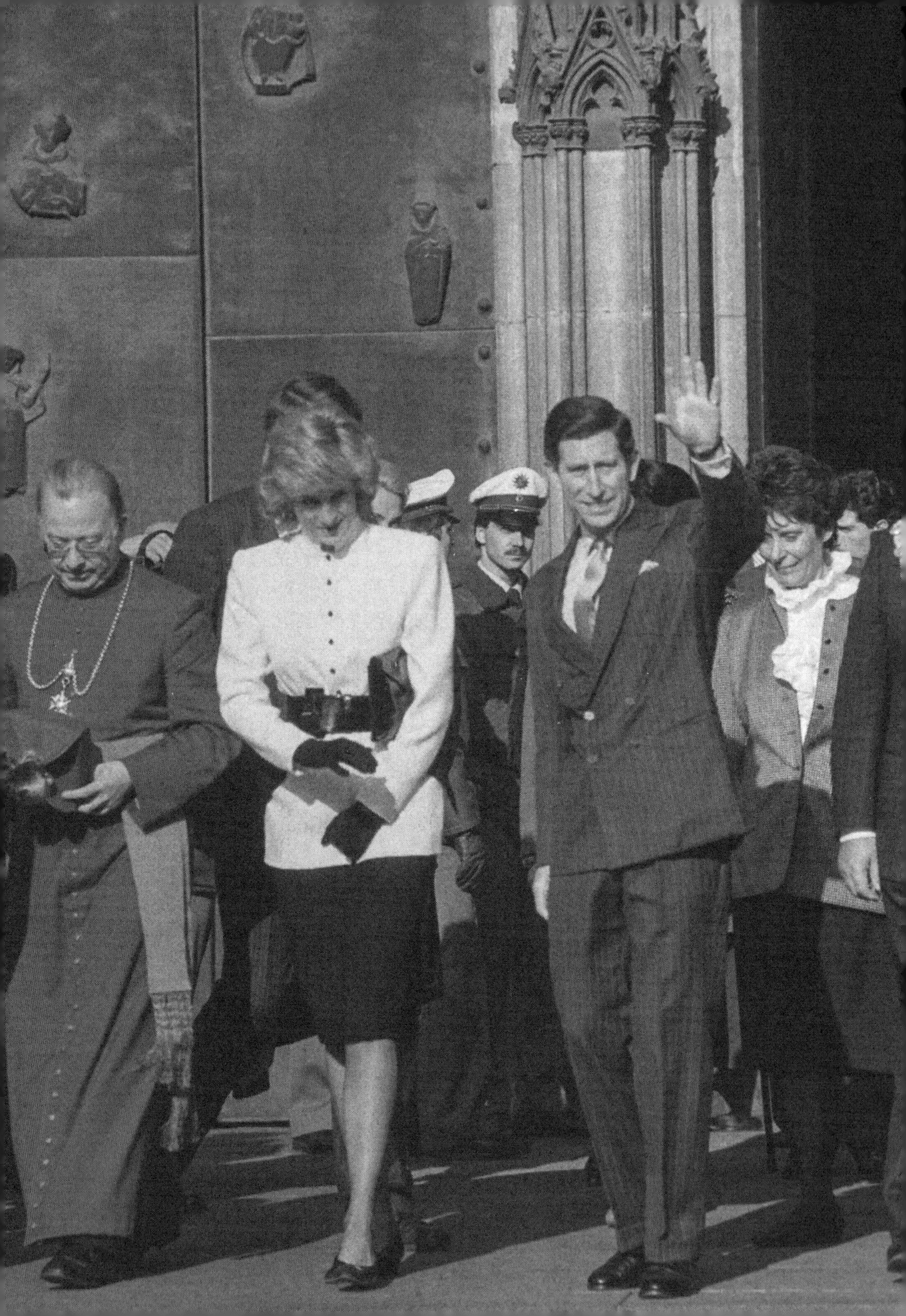

»... die Zeit zum Stillstehen zu bringen ...«[26] war ein wichtiges Stilmittel in der Malerei, um den Schein der Authentizität zu verstärken. Der Fotografie wurde vorgegriffen, indem man versuchte, im Bild das Momenthafte einzufangen. So war es möglich, ein genaueres Abbild der Realität zu schaffen. Gleichzeitig der Versuch, die Glaubwürdigkeit des Erzählten zu erhöhen.

Die Illustrationen wurden nach 1839 immer häufiger nach fotografischen Vorlagen hergestellt, da bis zur Nutzung der Autotypie die Fotografie abgezeichnet und auf einen Holzstock übertragen werden musste, um so vervielfältigt werden zu können. Erstaunlich dabei ist »... das Wissen des Lesers um die fotografische Vorlage als Garant für die Wahrhaftigkeit der Wiedergabe der Ereignisse und Gegebenheiten.«[27] Der Gedanke, dass das Ereignis als Foto vorhanden und deshalb als Beweismittel immer verfügbar ist, genügte, um dem in der Zeichnung dargestellten Ereignis Glauben zu schenken. »So erscheint denn unter den Bildberichten der Illustrierten immer häufiger der Vermerk - Nach einer Originalfotografie gezeichnet.«[28]

Das erste veröffentlichte Foto erschien 1880 im New Yorker »Daily Graphic«, einer Tageszeitung, die das neue Verfahren der Autotypie erstmals verwendete (»... Zerlegung des Fotos - mit Hilfe eines vor die fotografische Platte geschalteten Linienrasters in minimale Teilchen«).[29] Die Erfindungen der Trockenplatte im Jahre 1871, der kürzeren Belichtungszeit 1878 auf eine Zeit von 1/25, des offenen Blitzes 1887 und die Verbesserung der Objektive waren Voraussetzung für eine Fotografie, die das gesellschaftliche Leben zu ihrem Gegenstand machen konnte. Es sollte aber noch bis Anfang des 20. Jahrhunderts dauern, bis die Fotografie sich in den Tageszeitungen durchsetzen konnte (da die Klischees aus finanziellen Erwägungen noch außerhalb der Zeitung hergestellt wurden und dies natürlich zu Verzögerungen führte, die aus Aktualitätsgründen nur selten durchbrochen wurden).

Lady Di und Prince Charles vor Kölner Dom, 3.11.1987, Fotografie, Baryt Abzug 30×24cm

Die entstehende Pressefotografie beschränkte sich auf einfache Illustrationen, die meist Personen aus allen wichtigen gesellschaftlichen Kreisen zeigte und ihnen Gelegenheit zur Selbstdarstellung bot. Die Ausnahme waren Abbildungen von gesellschaftlichen Randerscheinungen, wie sie z. B. durch Jacob A. Riis mit der Beschreibung der Einwanderer in den Slums von New York gelang. Ebenso der Soziologe Lewis W. Hine, der seine Fotografie dokumentarisch einsetzte. »Ich wollte die Dinge zeigen, die abgestellt werden mussten, und ich wollte Dinge zeigen, die man anerkennen sollte.«[30] Hine fotografierte Kinderarbeit, Arbeitsbedingungen von Bergarbeitern und anderen Randgruppen, um sie der Öffentlichkeit vorzuführen mit dem Bewusstsein, verändern zu wollen.

Der Bildjournalismus im modernen Sinne kam jedoch erst in den 1920er Jahren auf. Zwei der wichtigsten Faktoren waren hier Voraussetzung, um die gesellschaftlichen Erscheinungen in allen Schattierungen ausführlich offenzulegen bzw. den Menschen die Welt mit ihren Ereignissen ins Haus zu bringen und für weitere Generationen verfügbar zu machen. Ein Faktor war die Herstellung kleiner Kameras mit der Möglichkeit mehrerer Aufnahmen pro Film, Tele- und Weitwinkelobjektive, der geschlossenen Blitztechnik und empfindlicheren Filmen – sie erweiterten die technischen Möglichkeiten derart, dass die Fotografie in fast jeder Situation einsetzbar wurde. Nun war bis auf wenige Ausnahmen die Wirklichkeit abbildbar. Die grundlegende Fototechnik, das Prinzip des Festhaltens der Wirklichkeit durch die Silberhalogenidfotografie, hat sich aber bis heute (1988) nur noch in ihrer Perfektion gewandelt. Trotz der Entwicklung der Farbfotografie, der Diapositivtechnik oder der Polaroid-Fotografie ist die Eigenschaft des Bildträgers, Garant für eine analoge Wirklichkeitsübersetzung zu sein, geblieben.

Ein anderer Entwicklungszweig war das Aufkommen der Massenillustrierten. In allen größeren Städten Deutschlands entstanden in den 1920er Jahren die illustrierten Wochenzeitungen, deren Gesamtauflage 1930 fünf Millionen betrug.[31] Die massenhafte Verbreitung der Welt durch den Fotojournalismus konnte ihren Anfang nehmen. Die Themen der Zeit überzogen, je nach politischer Ausrichtung der Zeitung, alle gesellschaftlichen Phänomene. Ob es sich um »Pariser Volksbälle«, »Rettung im vergasten Schacht«, »Artistenschule«, »Autorennen auf dem Nürburgring«, »Araber und Juden - Problem Palästinas«, »Karl Valentin privat«, »Kleinstadtleben«, »Adoptionsstelle« oder um die »Junggesellin von heute«[32] handelte, alles wurde wichtig, wenn es originell, spannend und neu war. Die Rezipienten wurden einer wahren Bilderflut ausgesetzt: »..., weil wir von Bildern vielmehr umstellt, weil wir einem Dauerregen von Bildern ausgesetzt sind. Früher hatte es Bilder in der Welt gegeben, heute gibt es ›die Welt als Bild‹, richtiger: die Welt als Bild, als Bilderwand, die den Blick pausenlos fängt, pausenlos besetzt, die Welt pausenlos abdeckt.«[33]

Die Wirkung der Authentizität der Fotografie auf den Rezipienten

»Während des kurzen Bestehens der Commune ließen sich ihre Verteidiger gern auf den Barrikaden photographieren. Fast alle, die auf diesen Bildern von Thiers Polizei identifiziert werden konnten, wurden standrechtlich erschossen.«[34]

Drastischer kann man sich den Einfluss der Fotografie auf das gesellschaftliche Leben kaum vorstellen. Das Foto war Beweismittel. Die Chance einer Gegenwehr bestand für die Kommunarden nicht, denn die Authentizität widersprach jeder Leugnung. Nach der Erschießung entstanden weitere Fotos, die die in einer Reihe aufgebahrten ehemaligen Kommunarden zeigen; jetzt aber von den Vollstreckern fotografiert. Die Aufgebahrten sind tot, unwiderlegbar festgehalten in Silberhalogenid-Ansammlungen.

Heute kann man diese Fotos in Büchern oder Museen begutachten und es ist nur noch - oder besonders - die Vergangenheit sichtbar. Man betrachtet die fotografierte Vergangenheit mit einer Neugierde und versucht herauszufinden, wie es vor und nach dem festgehaltenen Augenblick wohl gewesen ist. Vielleicht ist man durch die Fotografie in der Lage, mit Hilfe eigener Lebenserfahrungen, jenes vergangene Leben in diesem einen Augenblick zu verstehen, es sogar nachzuempfinden. Das Betrachten der Fotos ist immer auch ein Betrachten der darauf vorhandenen Objekte, die in einer nahezu perfekten Illusion ihr Sein bezeugen. Einer Illusion kann man nur schwer widerstehen, und so ist es immer wieder, je nach den Erfahrungen des eigenen Daseins, ein bei der Betrachtung der Fotografie »Insichgehen«, denn dort liegt der Sinn der Fotografie. Der Fotograf, der Auftraggeber, der Betrachter, sie alle nutzen das Foto in ihrem Sinne. Ganz der Funktion für den Nutznießer untergeordnet, verändert es sein Gesicht, wie ein Chamäleon.

Die Abbilder der sich verteidigenden Kommunarden könnten eine schöne Erinnerung für den einen oder anderen Enkel sein oder die Freundin vom außergewöhnlichen Mut überzeugen oder aber ganz banal das Beweisstück zum Todesurteil sein. Die Konsequenzen der Wirklichkeitsabbilder hätten sehr verschieden sein können bzw. der Einfluss der Fotografie auf die reale Lebensumgebung führt zu unterschiedlichen, ja gar gegensätzlichen Wirklichkeitserfahrungen. Die Grenzen zwischen Wirklichkeitserfahrungen durch die reale Umgebung und Wirklichkeitserfahrungen durch Bilder sind fließend. Die Bilderwelt hat sich in unser Bewusstsein eingeschlichen und ohne Mühe der Gegenwart bemächtigt. Das Vergangene in jedem Bild impliziert auch das Gegenwärtige und so ist der Blick auf das Foto auch ein historischer.

Zu sehr ist man in einer Welt der Bilder gefangen, um sich den vergangenen Abbildern zu verschließen. Man betrachtet das Abbild der Schwester oder der Freundin und glaubt sich ihrer Gegenwart bewusst zu werden. Man kann im Foto umhergehen, man geht in die Zeit vor und nach dem Entstehen des Fotos. Man geht mit dem Blick im Raum des Bildes spazieren, ohne den Unterschied zwischen der Illusion und der Wirklichkeit zu bemerken. Vielleicht ist es die Oberfläche des Papiers, die die Illusion wieder ins Bewusstsein rückt. Man hat Zeit das Foto anzuschauen (ein wesentlicher Unterschied zum Film); diese Zeit, die man braucht, um sich in einem fremden oder auch bekannten Raum zurechtzufinden, Dinge wieder zu erkennen oder auch nur die Veränderungen aufzuspüren. Die Dauer der Betrachtung unterliegt dem eigenen Willen und so selektiert man, was einem wahrzunehmen beliebt. Das Abgebildete ist festgehalten, eingebrannt auf dem Bildträger und jederzeit an jedem Ort einsehbar. Das Ereignis, die Spur des Wirklichkeitsausschnittes ist unwiderruflich geworden.

Die Ermordung der Juden im Dritten Reich: Wie glaubwürdig wäre die Überlieferung der Verbrechen, ohne die Fotografien, die als Beweise und Dokumente jeden Zweifel an dem Gewesenen ausräumen? Vor dem fotografischen Verfahren war Geschichte immer etwas aus dritter Hand, eine interpretierte Sicht der Dinge. Die Fotografie aber ist wie eine Camera Obscura der Geschichte, ohne sie zu erklären. Die Zeitungen und Illustrierten verbreiten diese Geschichte, auch wenn die Standpunkte sich widersprechen, da Fotos durch Text in unterschiedliche Zusammenhänge gerückt werden. Das authentische Foto in der Zeitung wird denn auch mit der visuell erfahrbaren Wirklichkeit verglichen: Lady Di hat doch ein wunderschönes Kleid an, und dieser Hut, man muss ihn haben, wenn auch nur als billige Imitation. Die Öffentlichkeit nimmt Anteil am Leben dieser Frau. Doch die größte Erfüllung ist, sie leibhaftig zu sehen und man stellt mit Erregung fest: Sie sieht aus, genau wie auf den Fotos.

Der Verlust der Authentizität des Bildes durch die digitale Bildaufzeichnung am Beispiel der tagesaktuellen Berichterstattung

In der Tageszeitung erscheint ein Bild von Lady Di.[35] Sie ist ein visuelles Ereignis, vorbereitet durch eine Vielzahl der Bilder und unter-

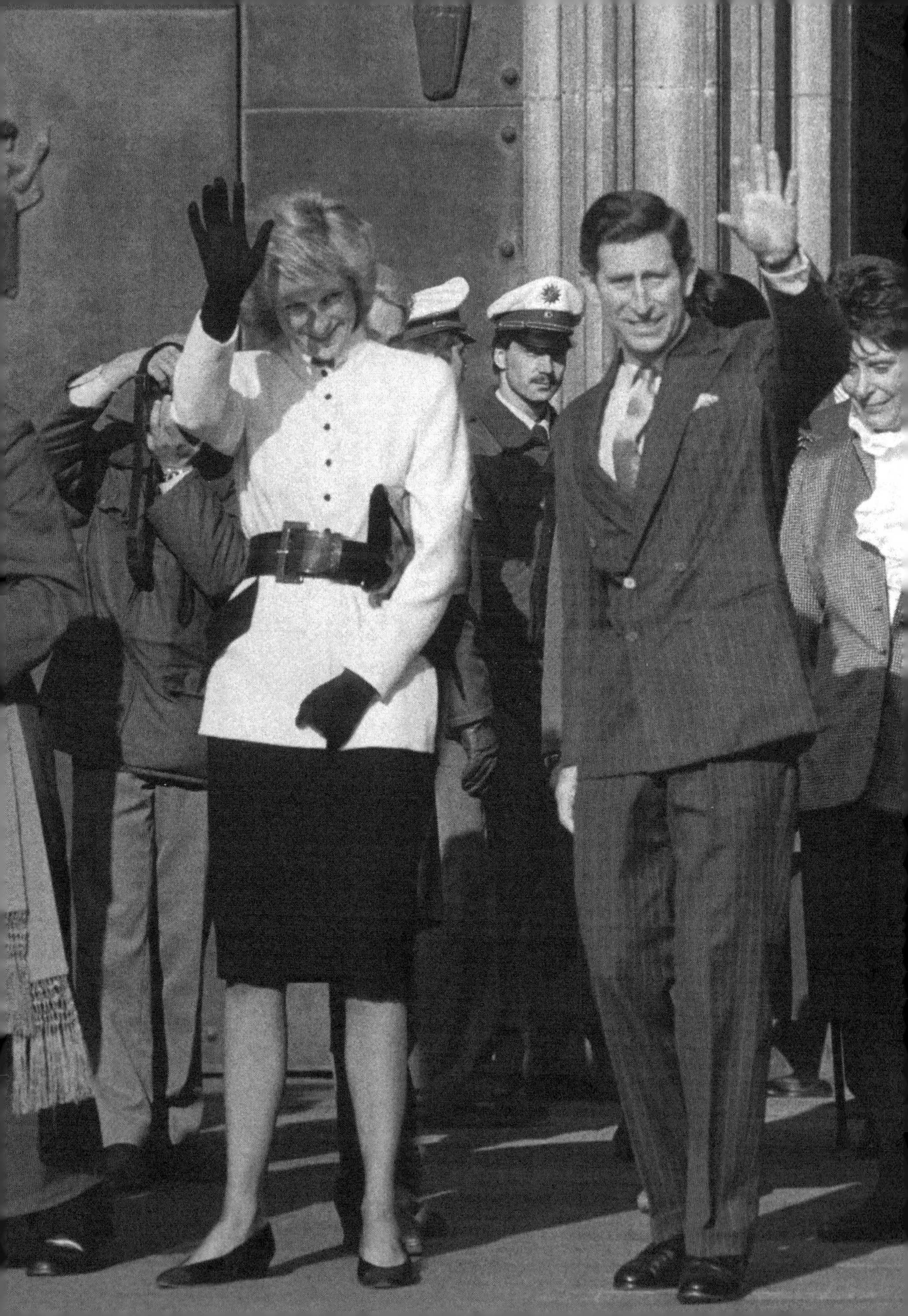

stützenden Texten in den Printmedien (wer sollte sich heutzutage für eine Person interessieren, die nur durch Texte in Erscheinung tritt, es sei denn es ist ein Geheimagent oder ähnliches). Ihre Fans wissen alles über Lady Di, insbesondere wie sie sich kleidet, wie sie aussieht, wie sie mit Prinz Charles, mit ihren Kindern, Untertanen oder auch mit ihrer Wohnung aussieht. Ihre Funktion ist zu erscheinen, ein Bild zu geben, etwas zu beweisen, zu belegen (vielleicht ihr Glück, von dem andere hoffen, etwas abzubekommen oder davon zu lernen oder auch nur als Beispiel, da zu sein: »Hier, so gut geht es mir«). Doch warum reicht das Foto, um es zu glauben?

Man muss es nur sehen, das Lächeln dieser Frau, um an ihrem Glück (auch wenn es nur dieser eine Moment ist) keinen Zweifel zu haben. Die Fotografie belegt es – das Lächeln.

Dieselbe Stadt, dieselbe Frau, in derselben Zeitung, jedoch digital aufgezeichnet. Beides, das digitale Bild und das Foto, wird sich im gedruckten Zustand nicht voneinander unterscheiden; aber es sind nicht die gleichen Abbilder! Die Fotografie ist eingebrannt, selbst auf dem Negativ lässt sich dieses Lächeln erkennen. Das digitale Bild jedoch zeigt sich nicht, es ist in Ja/Nein-Informationen gespeichert und muss erst noch zusammengebaut werden, muss sich erst noch verwandeln, um gesehen zu werden.

Bis zum Augenblick des Fotografieren des Objektes – in diesem Fall Lady Di – unterscheiden sich beide Verfahren nicht. Nachdem das Negativ belichtet ist, hat der Fotograf kaum noch eine Einflussmöglichkeit, dem Ereignis

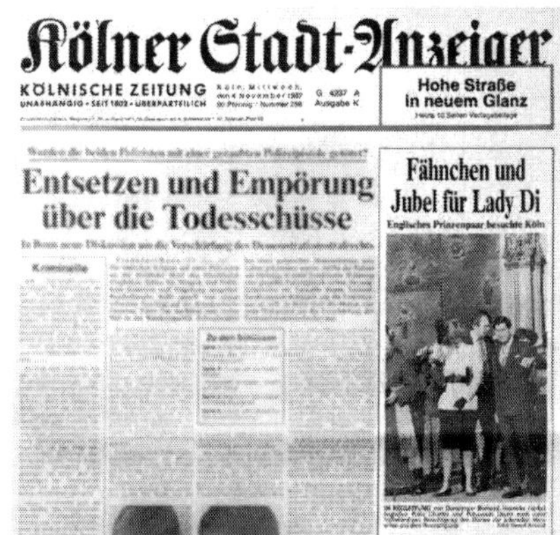
Kölner Stadt-Anzeiger

KÖLNISCHE ZEITUNG
UNABHÄNGIG • SEIT 1802 • ÜBERPARTEILICH

Hohe Straße in neuem Glanz

Entsetzen und Empörung über die Todesschüsse

Fähnchen und Jubel für Lady Di

Englisches Prinzenpaar besuchte Köln

Links: Lady Di und Prince Charles vor Kölner Dom, 3.11.1987, Dichografie, mi-generiert, 2019

Rechts: Fähnchen und Jubel für Lady Di, Kölner Stadt-Anzeiger, 4.11.1987

eine Veränderung zuzufügen. Für den Fotografen ist mit dem Belichten des Negativs der Vorgang des Festhaltens weitgehend beendet;[36] doch für das digitale Bild beginnt hier erst die Bildherstellung. Das Ereignis, der Besuch Lady Di's wird zur Rohware. Der zukünftige *Fotograf*, ausgerüstet mit einer Videoanlage, Scanner, Telefon und einem Computer,[37] ist nun in der Lage das Ereignis, bzw. den vorerst festgehaltenen Wirklichkeitsausschnitt, nach seinen Vorstellungen zu *verbessern*. Die Variationsmöglichkeiten sind unendlich; vielleicht nur eine Veränderung des Lichtes (Sonnenschein statt grauem Licht) oder das Aufräumen des Bildes, indem störende Elemente entfernt werden, wie z. B. der Domdiener, der aufdringlich zwischen Prinz Charles und dem *Fotografen* steht. Es sind noch ruhige, unauffällige Bearbeitungen des Bildes; nur zu, eine Drehung des Kopfes von Lady Di – und das zu ernste Gesicht wird zu einem lächelnden verwandelt und Prinz Charles, der zur Seite schaute, dreht nun liebevoll den Kopf.

Welcher Fotograf wartet auf den besonderen Augenblick, wenn er ihn selbst produzieren kann?

Der »Neue Fotograf«[38] manipuliert nicht, er entwirft, konstruiert und produziert.[39] Er braucht vielleicht nicht mehr zum Ort des Geschehens zu gehen, sondern er »greift« zum »Telefon« und lässt sich mit einem elektronischen Bildarchiv verbinden. Dort findet er Lady Di, Prinz Charles, den Dom und genügend Publikum, um sich sein Ereignis völlig synthetisch herzustellen. Die Herstellung einer vermeintlichen Wirklichkeit ist wieder perfekt. Eigentlich braucht Lady Di gar nicht mehr am Ort des Geschehens zu erscheinen. Das digitale Bild erscheint in der Zeitung, ob es belassen, leicht verändert wurde oder aber völlig synthetisch ist, bleibt unwichtig. Das veröffentlichte Endprodukt unterscheidet sich scheinbar nicht wesentlich von einem konventionellen Foto, doch eines geht verloren: die Gewissheit, so und nicht anders ist es gewesen. Der historisch-dokumentative Wert des Bildes entfällt. Das Bild verweist

Lady Di und Prince Charles vor Kölner Dom, 3.11.1987, Fotografie, KB-Negativ mit Anschnitt für die erste Wahl.

nicht mehr auf Objekte eines abgebildeten Wirklichkeitsausschnittes, sondern wird selbst zum Gegenstand.

Unvorstellbar, dass, wie in den 1940er Jahren, der amerikanische Schauspieler James Stewart in einer US-Wochenschau mit einem Stapel Fotos als Dokument eines zu beweisenden Elends zu Spenden aufruft. Unvorstellbar, dass Fotos noch eine Beweiskraft haben. Die Authentizität des Bildes und des Fotos sind verloren gegangen.

Das Fazit

Ausgehend von der Annahme, dass die Still-Video-Systeme Anfang der 90er Jahre serienreif auf den deutschen Fotomarkt kommen, lässt sich folgender Schluss ziehen: Rund 150 Jahre wird einst die Epoche gedauert haben, während der man guten Gewissens vom Authentischen in der Fotografie sprechen kann. Die Übergangsphase hat bereits begonnen.[40]

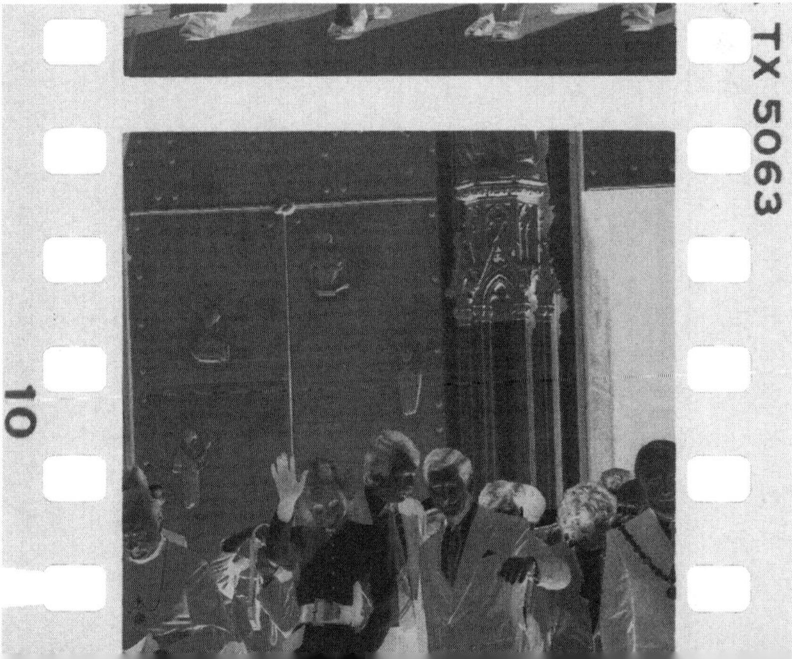

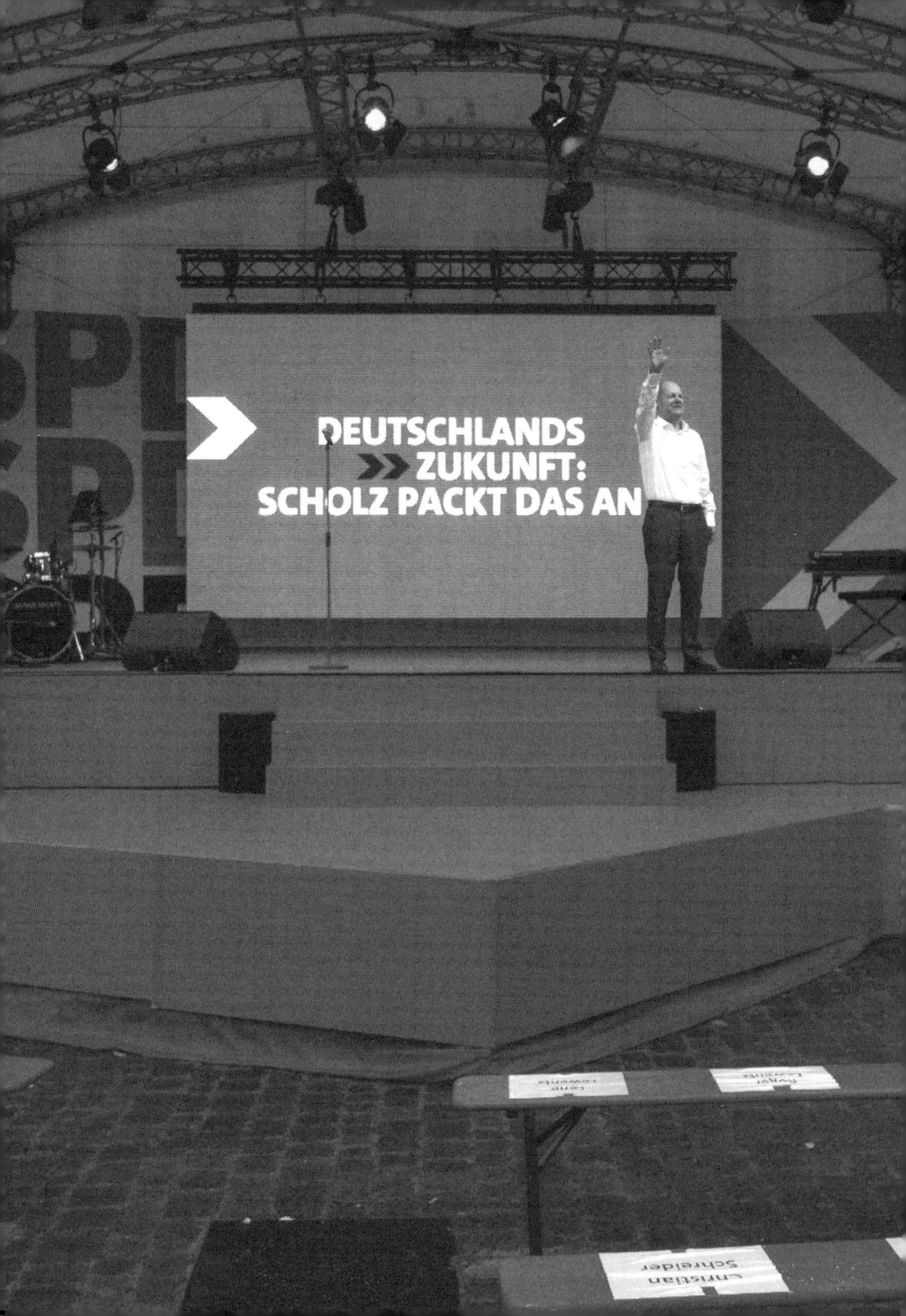

DEUTSCHLANDS
ZUKUNFT:
SCHOLZ PACKT DAS AN

So habe ich es gesehen

Die Bildserie ***So habe ich es gesehen*** zeigt Szenerien aus den Kundgebungen der Bundestagswahlkämpfe. Die Akteure Olaf Scholz, Robert Habeck, Annalena Baerbock und Oskar Lafontaine hatte ich in Oldenburg, Worms und Köln im August und September 2021 fotografiert.

Doch es gibt eine Besonderheit: Diese Szenerien haben so nicht stattgefunden. Verschiedene Zeitebenen im Ablauf des Geschehens sind hier zusammengesetzt und lassen nun in ihrer Kombination neue oder gar gegenteilige Aussagen über das Ereignis entstehen. Gleichzeitig wird eine authentische Atmosphäre suggeriert, die durch eine journalistisch-dokumentarische Ästhetik gefestigt wird. Aber nichts in diesen Bildern ist so, wie es scheint.

Oder anders gesagt: Sie sehen die Imitation einer Fotografie.

Und nun? Was ist bisher geschehen?

Der erste Teil von 1988 beschreibt meine damaligen Einschätzungen zu den zukünftigen Folgen einer nahenden Einführung der digitalen Fotografie. Aber wie haben die Fotografie und die sie umgebenen Strukturen sich in den vergangenen 33 Jahren tatsächlich verändert? Was macht den Kern der Veränderung aus? Wie wirkt sich das auf unsere Wahrnehmung, wie Fotojournalismus oder Dokumentarfotografie rezipiert wird, aus? Und welche zukünftigen Bilder entstehen aus dieser veränderten Wahrnehmung?

So habe ich es gesehen, Olaf Scholz im Bundestagswahlkampf, Worms, 11.9.2021, Dichografie, mi-generiert 2021

Nach der Einführung der ersten Still Video Systeme (SVS) in den 1980er Jahren, weiter über die Digitalkameras im Verlauf der folgenden Jahre, ist inzwischen die analoge Fototechnik abgelöst und spielt im Fotojournalismus heute keine Rolle mehr. Analoge Fotografie findet nur noch bei wenigen Künstlern Anwendung, und eine größere Aufmerksamkeit bekamen die analogen Kameras nur noch kurzzeitig als ästhetische Accessoires.

Wahrscheinlich ist es kaum aufgefallen, aber nach der Jahrtausendwende hat sich im deutschsprachigen Raum der Begriff **analoge Fotografie** für die Film-basierte Fotografie als Abgrenzung (Antonym) zur **digitalen Fotografie** durchgesetzt. Der Begriff Analogfotografie entstand aufgrund eines Übersetzungsfehlers und technischen Missverständnis. Denn es wird in der Film-basierten Fotografie nicht analog *gespeichert*, sondern chemisch/physikalisch.[41]

Der Wandel in der angewandten Fotografie vom analogen zum digitalen Bildträger vollzog sich in den Jahren 1999 bis 2005. Während sich die ersten Kameras mit rund 3 Mio. Pixel kaum jemand leisten konnte, vollzog sich der Umbruch ab 2003 mit den ersten bezahlbaren Kameras und einer Auflösung von rund 6 Mio. Pixeln über die 2004 mit 12 Mio. Pixel erschienenen Kameras in Rekordgeschwindigkeit. Mit der Weigerung der meisten publizierenden Auftraggeber die Kosten wie Filmentwicklung oder Prints zu bezahlen, war ab 2005 für die meisten Fotografen und Fotografinnen der Erwerb eines Lebensunterhaltes mit dem Werkzeug der analogen Fotografie unmöglich geworden. Sie stellten auf digitale Kamerasysteme um. Dies geschah, wie wohl für viele Fotojournalisten und Dokumentarfotografinnen mit dem Gedanken, parallel mit analoger Technik weiterzuarbeiten. Doch schon nach kurzer Zeit stellte sich dieser Gedanke als Trugschluss heraus, denn die digitale Technik war im Arbeitsprozess wesentlich schneller und nach Anschaffung der Technik deutlich kostengünstiger. Statt dunkle Tage in der Dunkelkammer zu verbringen, saß man nun Stunden bei Tageslicht mit Kaffee und Kuchen am Rechner. Wer konnte da widerstehen?

Nur wenige Jahre später mit der Einführung der Vollformatsensoren, leistungsfähigeren Computern, ersten Farbdruckern, günstigen Speicheroptionen, schnellen Datenübertragungsraten und den Weiterentwicklungen der Software wie Aperture, Lightroom, Capture One oder Photoshop, war klar: Die digitale Technik ist in allen Belangen besser und fortschrittlicher. Aber wichtiger noch war die Aussicht, dass die digitale Technik noch weitaus vielversprechendere Möglichkeiten für die Zukunft bereithalten würde.

Auf der Kölner Photokina konnte man derweil noch ein letztes verzweifeltes Aufbäumen der großen Firmen für Filme und Dunkelkammertechnik wie u. a. Kodak, Agfa, Durst, Ilford oder Polaroid vor dem Niedergang beobachten. Es war gespenstisch, mit dem Wissen durch die Hallen zu gehen, dass die analoge Technik dem Untergang geweiht ist.

Heute liegen handelsübliche Auflösungen bei 30–50 Mio. Pixeln und Laptops haben die Qualität einer Workstation, mit der man wahrscheinlich mehrere Mondlandefähren auf unterschiedlichen Monden gleichzeitig automatisiert landen lassen könnte.

Es gibt Software mit künstlicher Intelligenz versehen, die Lichtszenerien einer Landschaft komplett austauschen kann. Den Himmel als Ort der Götter zu sehen, scheint näher zu rücken und wird zum Sinnbild eines neuen Glaubens, wenn mit dem Satz geworben wird: »Ersetze den Himmel mit einem Klick!«[42] Ein Landschaftsbild mit grauem Wetter wird hier zu einem Feuerwerk der Farben und gibt vor, dass der Fotograf wochenlang auf dieses Licht und den göttlichen Blitz gewartet hatte, der tosend in den Baum mit dem Storchennest einschlägt.

Monitore entsprechen in der Farbdarstellung exakt dem Print, und die aktuellen Großformatfarbdrucker übertreffen jeden analogen Abzug in Farben, Schärfen und sind mit ihrer deutlich höheren Archiv- und Farbfestigkeit der analogen Dunkelkammertechnik inzwischen weit überlegen. Auch die Datenübertragungen sind nun

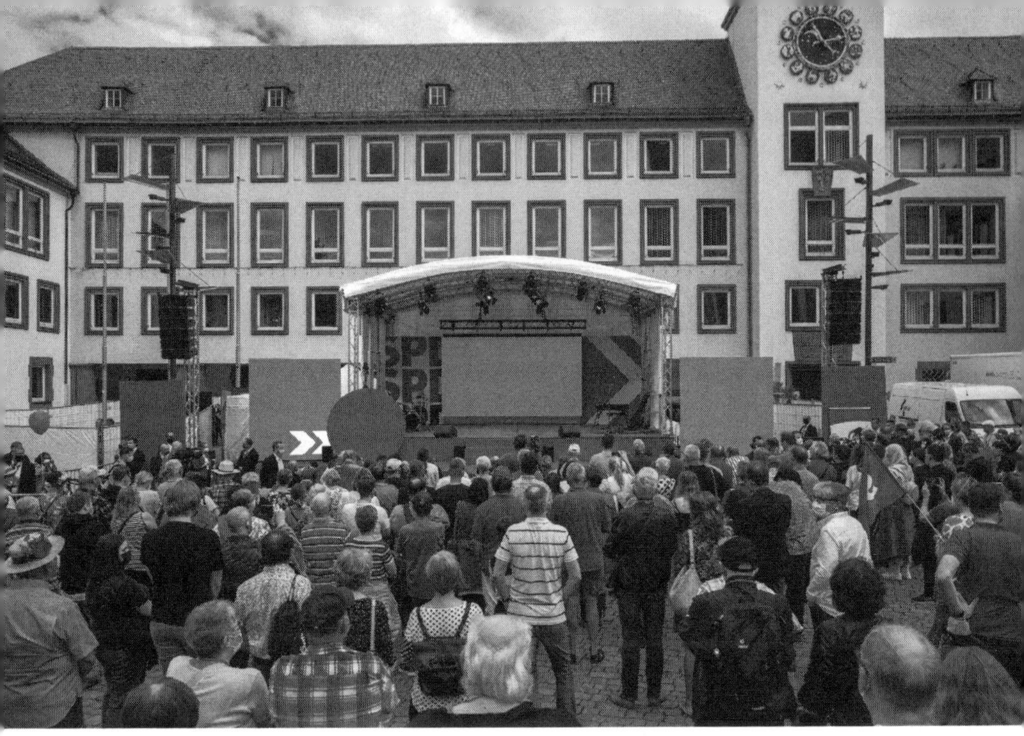

ortsunabhängig und haben die nötige Bandbreite für große Datenmengen, um vom Strand mit einem Cocktail in der Hand die soeben gemachten Bilder in die Redaktion zu beamen.

> ***M**it anderen Worten: Die Welt der digitalen Werkzeuge der Fotografie und ihre unendlichen Bearbeitungsmöglichkeiten sind für jeden zugänglich, erschwinglich, unkompliziert, schnell einsatzfähig und technologisch perfekt.*

Mit dieser Leichtigkeit des Verfügbaren träumten zwischenzeitlich Tausende Fotoamateure davon, ihr Hobby zum Beruf zu machen. Fotografieren und Hochladen auf eine Datenbank einer Stockagentur ist nur wenige Klicks entfernt. Anfänglich waren Aussichten auf ein genügsames Einkommen groß. Doch die Bilddatenbanken sind nun mit Milliarden Bildern gefüllt, neu hinzugefügte verschwinden augenblicklich in der Masse, fast wie in einem mäandernden Vogelschwarm. Und der Wert der Bilder steigt kaum noch über die Ein-Euro-Shop-Schwelle oder sie werden sogar gegen eine optionale (!) Namensnennung[43] verschenkt im Sinne von »Alles muss raus!« oder »Geiz ist geil«.

In der Amateur- und Familienfotografie haben tragbare erweiterte Telefonapparate mit eingebauter digitaler Kamera und integrierter Bildbearbeitungs- und Bildübertragungsfunktion die Rolle des Festhaltens einer Erinnerung übernommen. Die 1888 von Eastman Kodak eingeführte neue Kamera für den Massenmarkt mit dem Slogan »You Press the Button, We Do the Rest«[44] wird nun in den Smartphones automatisiert fortgeführt. Den Rest machen heute die Beauty-Filtertechniken der neuen Telefone, die selbst der malerischsten Portrait- und Modefotografie der 1930er Jahre weit voraus sind und zeitgleich mit der Aufnahme vollendet und gesendet sind.

Hinzu kommen die Kanäle der kommunizierenden offenen Netzwerke. Diese waren eigentlich einer demokratischen Erweiterung geweiht, aber letztlich öffneten sie unerwartet auch die Büchse der Pandora. Jedes Bild wird gleichwertig nebeneinandergestellt, vom Digitalisat eines dokumentarischen Silbergelatine-Abzugs, den journalistischen Fotografien aktueller Ereignisse, über die Filter-Beauties der InfluencerInnen aus den Smartphones bis hin zu den perfekten **Deepfakes**[45] politischer Persönlichkeiten.

> ***E***s ist ein großer Bilderstrom, der täglich und unentwegt in die Köpfe der Menschen fließt und gleich einer Schneidstichel für Schallplatten, beharrlich die Rillen neuer Wirklichkeiten fräst.

Der Bildersturm, wie 1980 von Günter Anders beschrieben, hat Dimensionen angenommen, wie sie niemals für möglich gehalten wurden. Und die Rezeption läuft in Geschwindigkeiten ab, die eher an das Schauen von Film denken lassen als an die Betrachtung

So habe ich es gesehen, SPD Bühne im Bundestagswahlkampf in Worms, 11.9.2021, Dichografie, mi-generiert 2021

eines Bildes. Das einzelne Bild wird in den Fluten zu einer Kostbarkeit, wenn man es noch schafft, sich Zeit zu nehmen. »Der Medienwissenschaftler Norbert Bolz hat in diesem Zusammenhang einmal vom ›großen stillen Bild‹ gesprochen als einem Hort der Ruhe und Konzentration im unaufhörlichen visuellen Datenstrom. Es gestattet die Kontemplation. Die vertiefende visuelle Analyse.«[46]

Und das Erfreuliche der digitalen Zeitenwende ist: Es gab noch nie so viele Bilder mit einer so hohen technischen wie ästhetischen Qualität, und noch nie waren so viele Bilder global für jeden sichtbar.

Deepfakes

Tom Van de Weghe hat 2019 an der Stanford University sehr ausführlich über die Möglichkeiten der Herstellung sogenannter Deepfakes geforscht.[47] Seine geradezu vorhersehbaren Erkenntnisse waren u. a., dass es immer einfacher wird, Deepfakes zu kreieren. Rund 100 freie Programme geben ein ganzes Bündel an Möglichkeiten der Veränderungen im Video, Audio und Bild. Jeder kann Ziel eines Deepfakes sein. Eine weitere für ihn beunruhigende Nachricht war, dass ein aus Facebook gezogenes Foto reicht, um ein bewegtes Portrait herzustellen.

Weiter sieht Van de Weghe in den Deepfakes einen Markt für große Umsätze in der Zukunft. Start-Ups aller Art wachsen wie Pilze aus dem Boden und bieten die unterschiedlichsten Möglichkeiten der Synthetisierung an.

In der magischen Welt des ersten Harry-Potter-Films konnte man schon 2001 bewegte Fotografien in der Tageszeitung Daily Prophet bestaunen.[48] Aus der damalig geprägten analogen Sicht war das eine wunderbare Utopie, da eine Authentizität durch die sichtbare Bewegung sogar gesteigert würde.

So habe ich es gesehen, Oskar Lafontaine im Bundestagswahlkampf, Oldenburg, 30.8.2021, Dichografie, mi-generiert 2021

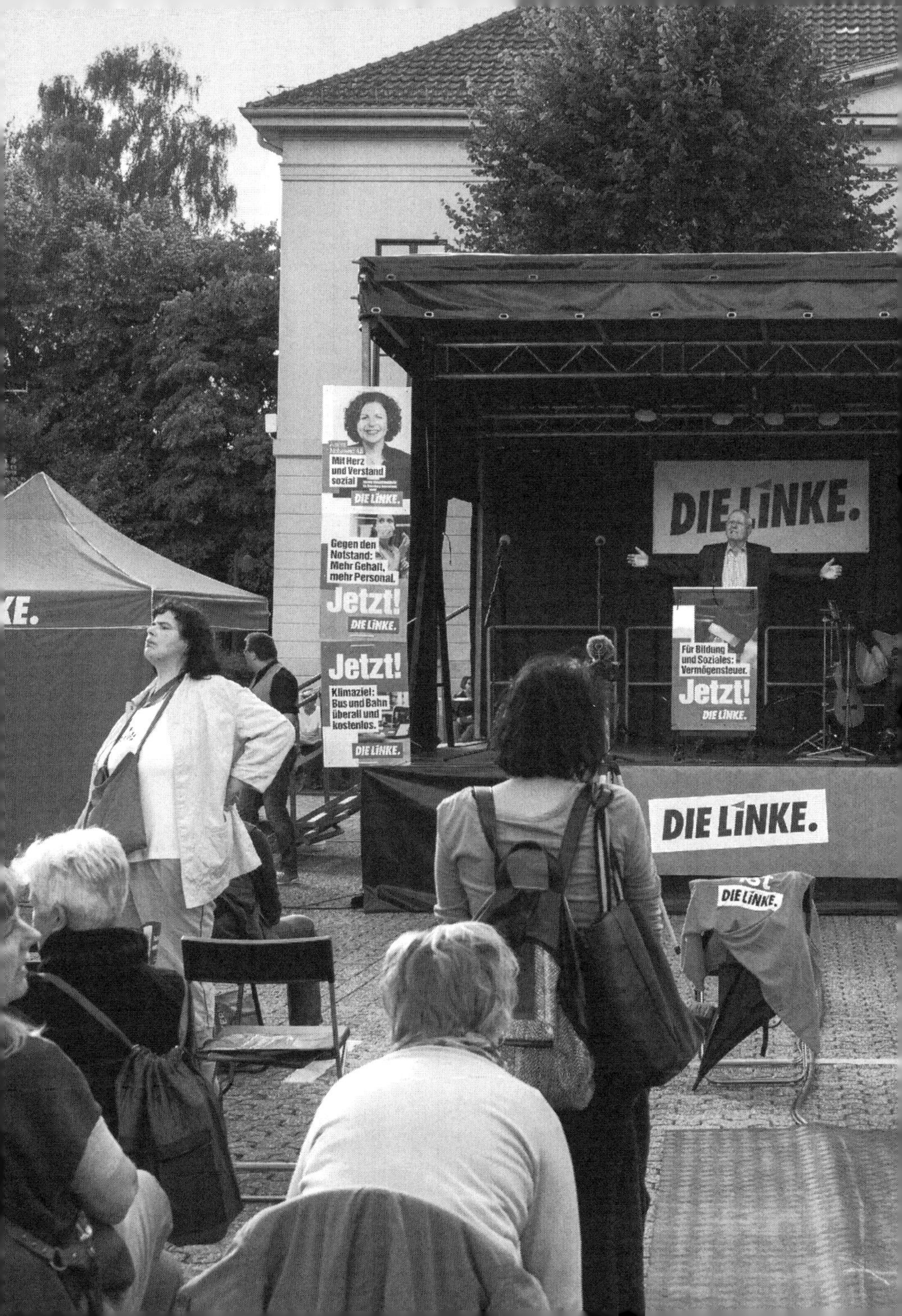
Mit Herz
und Verstand
sozial
DIE LINKE.
Gegen den
Notstand:
Mehr Gehalt,
mehr Personal.
Jetzt!
DIE LINKE.
Jetzt!
Klimaziel:
Bus und Bahn
überall und
kostenlos.
DIE LINKE.
DIE LINKE.
Für Bildung
und Soziales:
Vermögensteuer.
Jetzt!
DIE LINKE.
DIE LINKE.
DIE LINKE.

Erste CGI-Effekte[49] tauchten schon 1977 in Star Wars auf, in denen eine 40 Sekunden lange computererzeugte Animation des Todessterns zu sehen ist. Ich bin mir nicht sicher, ob man darin nicht auch eine Metapher für die Herausforderung für den gesellschaftlichen Wandel durch die Digitalisierung sehen könnte.

Seit 2021 kombiniert Disney manuell erstellte CGI mit den aktuellen Techniken, wie Deepfake, oder Motion Capturing, um wesentlich realistischer Gesichter herzustellen, die für das menschliche Gehirn tatsächlich den Uncanny-Valley-Effekt[50] vermeiden. Damit wirken die künstlich erzeugten menschlichen Gesichter mit ihren Hauttexturen inzwischen realistischer als Portraits im aktuellen Fotojournalismus, die mit Hautunreinheiten nicht mehr publiziert werden, da sie vorher begradigt oder gar nicht erst fotografiert wurden. Besonders beeindruckend zeigt die Website ***THISPERSONDOESNOTEXIST.COM*** die Qualität künstlich erzeugter Portraits. Bei jedem Aufruf der Seite wird ein neues Portrait generiert, das aus vorgenannten Gründen authentischer wirkt, als die Portraits in Magazinen und Zeitungen.

Seit Januar 2022 werden nun über die Bildagentur Panther-Media die ersten synthetischen Portraits unter dem Begriff **Synths** angeboten, die ohne Modelle und Fotografen mit Künstlicher Intelligenz erzeugt wurden. Den Portraits können in Publikationen beliebige Zitate beigefügt werden und Probleme mit Model Releases wird es nie wieder geben. Anfänglich werden die synthetischen Portraits nur im Corporate Bereich Verwendung finden. Aber niemand wird sich wundern, wenn die Synths später auch in Zeitschriften in Form von Portraits, Landschaften und Szenen erscheinen.

Die Möglichkeiten der Bildbearbeitung sind nach 33 Jahren in größter Perfektion vorhanden. Und wie damals vermutet: Sie werden tatsächlich im Fotojournalismus ausgiebig genutzt.

Wie wirkt sich die Digitalisierung auf den Fotojournalismus und die Dokumentarfotografie aus?

Alle diese Herausforderungen erfordern tiefgehende Fachkenntnisse in tagesaktuellen Nachrichtenredaktionen, um die entsprechenden synthetisch erzeugten Bilder und Videos nicht in deren Kreisläufe zu lassen. Denn durchgerutscht Synthetisches würde den alten Printmedien in der Welt der ungefilterten Netzwerke wahrscheinlich die letzten Reste ihrer Glaubwürdigkeit kosten.

Das gilt ebenso für journalistische Texte. Durch die globale Verfügbarkeit von Informationen war z. B. ein für den Spiegel arbeitender Journalist an den Orten seiner Recherche in der Lage, umfangreich zu synthetisieren. Später ist er dann allerdings wieder durch die digital-globale Verfügbarkeit von Informationen aufgeflogen. Tatsächlich könnten spätere Generationen ihn sogar, mit seiner neuen Art, Geschichten zu schreiben, als Vorreiter des digitalen Wandels im Journalismus sehen und im Alter für sein Lebenswerk auszeichnen.

Durch die Digitalisierung und die globale Verfügbarkeit von Informationen wurde auch ein Massensterben der Printmedien weltweit in Gang gesetzt, von dem noch nicht absehbar ist, wie sich dies auf zukünftige Gesellschaftsformen auswirken wird.

Fast alle Tageszeitungen haben, bis auf wenige Ausnahmen wie die Frankfurter Allgemeine Zeitung oder Süddeutsche Zeitung, ihren festangestellten Fotografen gekündigt. Selbst in einer Millionenstadt wie Köln, wurde kürzlich bekannt gegeben, den letzten festangestellten Fotografen der Tageszeitungen Kölner Stadt-Anzeiger und Express bis Mitte 2022 zu kündigen. Damit ist der Fotojournalismus in diesen Kölner Tageszeitungen beendet. Man könnte hier, frei nach James Fenimore Cooper, von den letzten Mohikanern sprechen.

Neben dem Wegfall fotojournalistischer Qualität verschwindet damit auch die einzige Expertise in den Redaktionen, die ein prüfendes Auge auf Bildveränderungen hatte. Mit Kündigung der

Fotografen oder der Bildredakteure gibt der Verlag zudem die Kontrolle der Bildproduktion endgültig aus den Händen, wird abhängig von zwei bis drei Nachrichtenagenturen und überlässt wahrscheinlich nicht ausgebildeten Mitarbeitern die Expertise und Filterung der möglichen synthetisierten Bilder oder Filme, die täglich über alle Kanäle in die Redaktion sprudeln. All dies untergräbt weiter das Vertrauen in die Fotografie.

Die Gegenbewegungen zu den heute noch so benannten manipulierten Bildern entstanden schnell mit der Idee ethischer Vorgaben[51] wie z. B. der Forderung nach der Herausgabe der Rohdaten, wie von der World Press Photo Foundation in ihren Wettbewerben gefordert, oder einer Kennzeichnung im Bildnachweis mit einem [M]. Nur, werden in 30 Jahren noch ähnliche ethische Ansprüche an die Bilderzeuger gestellt, wenn die Digital-Natives, Influencer und Influencerinnen zukünftig in Spitzenpositionen die Eckpunkte definieren?

Die Auflösung des noch analog gedachten Fotojournalismus in der digitalen Ära ist im vollen Gange. Ein prominentes Beispiel, das man mit der Vorgehensweise des Spiegel-Journalisten vergleichen könnte, ist der National Geographic Fotograf Steve McCurry, der Objekte im Bild verschob oder hinzufügte. Mit dem Zusammenfügen von Bildteilen machte er aus seinen Fotografien synthetische Bilder. Wenn man den Begriff der Synthese etymologisch herleitet,[52] so bedeutete es eine Zusammensetzung von Teilen zu einem Ganzen; im spätlatainischen bedeutete es auch die Mischung eines Heilmittels. Bis vor der Entdeckung seiner Manipulationen 2016, reichte man ihn jahrzehntelang als Fotojournalist durch die Manegen der Festivals, Workshops und Vorträge. Nach der Entdeckung der Anwendungen von *Heilmitteln* in seinen Bildern eignete er sich in einem Interview für die TIME eine interessante Verteidigungsstrategie an: »I'm a Visual Storyteller not a Photojournalist.«[53]

Damit öffnete er die Tür zur Einladung, es mit den reflektierten Lichtspuren nicht so genau zu nehmen und beendete den stillschweigend bestehenden Vertrag mit den Betrachtern seiner Bilder, die noch auf reflektierte, *nicht verschobene* Lichtspuren vertrauten. Ich bin mir nicht sicher, ob der Fotograf mit seiner Verteidigung den Verfechtern des Begriffes Storytelling gerecht wird. Dieser Ansatz hat sich im letzten Jahrzehnt als Heilsbegriff für den Fotojournalismus herausgebildet, um mit Video, Audio und Bild im Verbund größere Ausdrucksmöglichkeiten zu haben und damit gleichzeitig auch die Authentizität zu erhöhen. Irritierend ist allerdings, dass Storytelling in gleichem Maße auch für PR und Marketingstrategien verwendet wird. Inzwischen hat die World Press Photo Foundation für ihren Fotojournalismus-Wettbewerb nun zum ersten Mal ein Open Format eingeführt, in dem unter dem Label Storytelling alles erlaubt ist.

Die letzten Bastionen des analog tradierten Fotojournalismus finden sich noch in einigen wenigen Zeitungen, wie z. B. die New York Times. Hier können eigene und eigens beauftragte Fotografen mit einer konsequent nachvollziehbaren klassisch-dokumentarischen Bildsprache den analog tradierten Fotojournalismus zelebrieren. Eine Überprüfung bzw. die Verfügbarkeit der Rohdaten bewahrt das Versprechen auf *nicht verschobene* Lichtspuren und kann dadurch das Vertrauen der Leserschaft in die publizierten Fotografien erhalten.

Doch die meisten Tageszeitungen, Magazine und Fernsehsender werden inzwischen fatalerweise nur noch von einer Handvoll Agenturen, wie z. B. AP, Reuters, dpa oder Getty beliefert. Das gleicht einem Bildermonopol. Ein Monopol, das auch für Textnachrichten gilt. In den Redaktionen können so die Recherchen für vermeintlich weniger wichtige Nachrichten aus Kostengründen eingespart werden und führte allerdings in der Folge zur massenhaften Verwendung von Verben wie »hätte«, »soll« und »könnte«. Das stets dazugehörende Dementi beginnt dann allerdings mit »xyz hat gesagt«. Die Meldung von Associated Press (AP), mit ihrem neuen NFT-Marktplatz umfangreiche Fotografien von zeitgenössischen und ehemaligen AP-Fotografen, respektive »digital verbesserte Abbildungen ihrer Arbeiten«,[54] anzubieten, deutet schon an, welche Gefahr ein Bildermonopol haben kann, wenn sich das politische System von einem demokratischen in ein autoritäres wandeln sollte.

Der tagesaktuelle Markt für freie Fotojournalisten ist weitgehend verschwunden und die ästhetische wie inhaltliche Bildervielfalt reduziert sich beständig. Fotografiert wird hier konfliktbereinigt und kritikfrei, um auch bei der nächsten Gelegenheit mit dem Regierungsflieger mitreisen zu können oder um bei dem nächsten politischen Ereignis mit Fotografen-Poolbildung der Nähe wegen berücksichtigt zu werden. Hier bekommt der Kernsatz des Magnum Fotografen Robert Capa für den engagierten Fotojournalismus eine völlig neue Facette: »Wenn ein Bild nicht gut ist, warst du nicht nah genug dran.«[55]

Wenn freie Fotografen und Fotografinnen auf ihren Websites ihre Portfolios nicht mehr zwischen Fotojournalismus und Corporate trennen oder die Bilder festangestellter Regierungsfotografinnen über Nachrichtenagenturen weitergegeben werden oder ein Treffen von Markus Söder und Friedrich Merz in Heldenpose am Kirchsee mit drei Fotos der Deutschen Presse Agentur (dpa) in 50 Zeitungen ohne Irritation der verantwortlichen Redakteure publiziert werden kann, dann muss sich die Produktion und Rezeption journalistischer Fotografie bereits geändert haben. Hinzu kommt für einen Teil der Fotografen und Fotografinnen, einerseits Teil der Kunstwelt sein zu wollen und andererseits mit der Schere im Kopf für Zeitungen und Magazine rechtsbruchsichere Fotografien zu produzieren. Dies führt nicht selten zu poetisch-verklärten Allgemeinplätzen im Fotojournalismus oder zu Reportagen, die in den rechtsfreien Räumen der Entwicklungsländer entstehen und auf den Festivals des Fotojournalismus gefeiert werden.

Kann es sein, dass der von der World Press Photo Organisation pathetisch gefeierte Fotojournalismus oder der junge Bildjournalismus der Fotohochschulen auf den Festivals letztlich nur einem vergreisten Ideal eines aufrüttelnden Fotojournalismus huldigt?

Sind die Betrachter durch die Bilder-Tsunamis nicht längst gesättigt und geschwächt?

Was haben Dokumentarfotografie, Fotojournalismus und Pompeji gemeinsam?

Dokumentarfotografie und Fotojournalismus sind Relikte aus der Zeit der analogen Fotografie und basieren auf dem Versprechen, dass die abgebildete Spur des reflektierten Lichtes nahezu unverändert auf den Bildträger übermittelt wird.

Man kann hier tatsächlich von dem seltsam entrückten Begriff **Lichtbild** sprechen. Der Spurcharakter des Lichtbildes kann einen direkten Bezug zum Referenten haben, also dem Gegenstand/Objekt vor der Kamera. Eine Semiose hängt letztlich von den jeweiligen Interpretationsmöglichkeiten und Wahrnehmungsfähigkeiten der Sender und Empfänger und deren gesellschaftlich-kulturell-politischen Einbettung ab. Hier haben die Dokumentarfotografie und der Fotojournalismus die Funktion des Beleges eines Ereignisses oder einer wie auch immer verorteten Wahrheit. Sie bieten Hilfestellung, die Geschehnisse in ein bestimmtes vorherrschendes oder neu entstehendes Wertesystem einzuordnen.Bei einem digitalen Bildträger kann das Versprechen einer tatsächlich abgebildeten Spur auf Dauer nicht eingehalten werden. Er bildet keine Spur eines reflektierten Lichtes auf einem Bildträger ab. Stattdessen wird reflektiertes Licht zwar noch analog auf einen Bildsensor geleitet, aber von dort sofort von einem Prozessor verfeinert, verschönt, geschärft, bzw. die Daten nach herstellerspezifischen Algorithmen und Definitionen eines guten Bildes berechnet, vervollständigt und in binärer Form in einem digitalen Speicher abgelegt.[56]

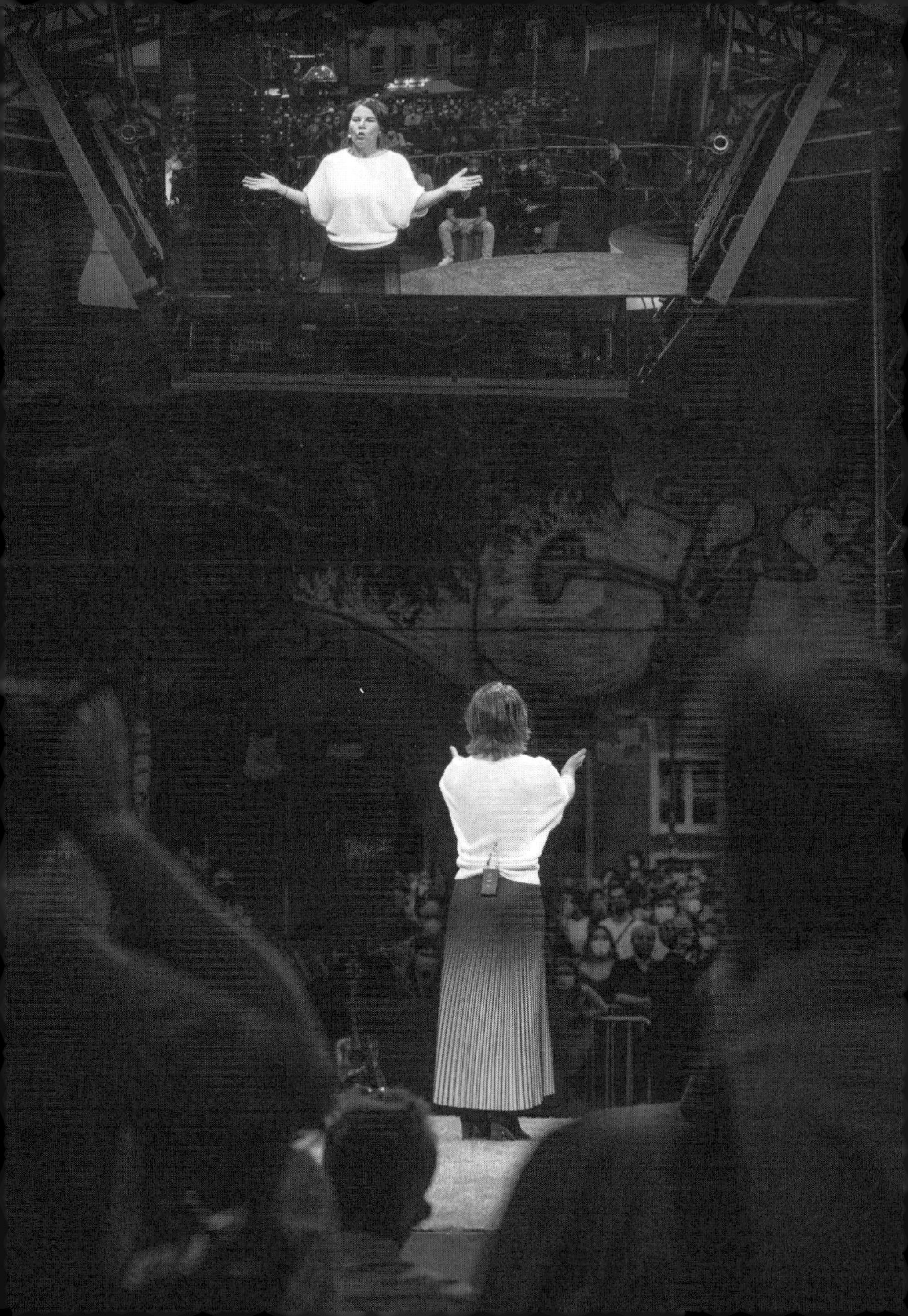

*I*ch schaue nun auf diese Speicherkarte, nehme sie in die Hand, drehe sie nach allen Seiten, schaue sie mir durch eine Lupe an und ich sehe: Nichts – außer einer Speicherkarte in all ihrer Schönheit.

Erst mit der Auslesung der Daten durch eine Software mit Bild-Erweckungs-Fähigkeiten, wie z. B. Lightroom, Darktable, Photoshop, Luminar oder Capture One kann die vorher schon berechnete Spur reflektierten Lichtes auf einem Monitor betrachtet werden. Schon im Moment der Öffnung zeigt jede Software eine andere Interpretation der Roh-Datei, da ihre Algorithmen wohlgehütete Geheimnisse der Kamerahersteller sind. Und im Folgenden sind unendlich viele Bildbearbeitungen möglich, die keinerlei Hinweise mehr auf die ursprünglich abgebildete Szenerie und ihre Herkunft im analogen Sinne gibt.

Eine Unterscheidung der jeweiligen Technik der Speicherung ist wesentlich für die Unterscheidung des Grades an Authentizität. Von daher wird eine wesentliche Frage in Zukunft sein, wieviel der abgebildeten Spur des reflektierten Lichtes ist in den Bildern tatsächlich noch vorhanden? Durch welche Bildbearbeitungen sind die Bilder schon gelaufen und werden im Laufe der Jahrzehnte noch gehen? Eine RAW-Datei mag als Beleg der Spur heute noch funktionieren, aber werden zukünftige Technologien dies nicht rückwirkend aushebeln können? Wenn das auf dem Bild Sichtbare nicht mehr als eine Spur eines gewesenen reflektierten Lichtes gedeutet werden kann, was ist es aber dann? Mir scheint, es ist weder Fotojournalismus noch Dokumentarfotografie.

Aber was ist es dann?

Als der amerikanische Schauspieler James Stewart in der 1940er Jahren in einer US-Wochenschau mit einem Stapel Fotos als Doku-

So habe ich es gesehen, Annalena Baerbock im Bundestagswahlkampf, Köln,2.9.2021, Dichografie, mi-generiert 2021

ment eines zu beweisenden Elends zu Spenden aufruft, wäre es zu aufwendig gewesen, eine solche Masse an analogen Prints unterschiedlicher Fotografen zu manipulieren (oder gar den Schauspieler oder gleich den ganzen Wochenschau-Film als ein mit Pinsel und Stift retuschiertes **Deepfake** herzustellen). Zumal sich wahrscheinlich die Fotografen mit Hinweis auf ihre Negative gemeldet hätten, um auf die Fälschungen hinzuweisen oder anzumerken, dass die Abbildung des reflektierten Lichtes auf dem Abzug nicht mit den Ergebnissen auf ihren erstellten Negativen übereinstimmen kann.

Das Vertrauen in die analoge Fotografie ergab sich nicht nur durch den Publizierenden oder den Fotografen, sondern verdankte ihre Provenienz wohl auch dem logischen Schluss der damaligen Betrachter, dass der Aufwand der Manipulation größer wäre als die möglichen Geldeinnahmen. Auf diesem langjährig gewachsenen Vertrauen bauen die letzten Reste der Dokumentarfotografie und des Fotojournalismus auf.

Vielleicht wird man den analogen Fotojournalismus und die Dokumentarfotografie in der fernen Zukunft eher mit den Gipsabdrücken menschlicher Schicksale der pyroklastischen Katastrophe Pompejis vergleichen, deren Spuren als Hohlräume der Nachwelt erhalten geblieben sind. Die Spuren sind zukünftige Zeugnisse einer Vergangenheit, die sich mit den Worten »Es-ist-so-gewesen« lesen lassen können, bzw. sie dienen als archäologische und anthropologische Wahrnehmungshilfe für vergangene Kulturen, wie es auch die Höhlenmalereien, Ikonen, Domfenster, Fresken oder die Werke der vielen Maler der vergangenen Jahrhunderte vermögen.

Wird es vielleicht eines Tages Klosterschulen geben, die die reine Lehre der Dokumentarfotografie ritualisieren? Wird das Einlegen des analogen Filmes mit einem Ritus unter Zeugenschaft der Lichtbild-Gläubigen vor dem abzubildenden Ereignis zelebriert, um die Wahrhaftigkeit des historischen Ereignisses für die Geschichtsschreibung notariell zu beglaubigen?

Man möchte sich nicht vorstellen, wie groß die Anzahl der Holocaust-Leugner heute wäre, wären diese Verbrechen damals nur digital bezeugt worden. Mit den digitalisierten Spuren liegt die Schwelle einer revisionistischen Geschichtsumschreibung, je nach Gesellschaftssystem, deutlich niedriger.[57]

Aber was wird eigentlich übrig bleiben von den Trillionen digitalen Bildern, wenn der Strom ausfällt? Wer garantiert auf Dauer die Verfügbarkeit von Strom? Wer kann sich Strom noch leisten? Wer herrscht in hundert Jahren über den Zugang von Strom? Wird das Machtgefüge ein demokratisches sein? Wird eine RAW-Datei, die in Grenzen heute noch einen Hinweis auf eine aufgenommene reflektierte Spur des Lichtes haben könnte, in 50 Jahren noch lesbar sein? Darf sie überhaupt gelesen werden? Wie viele dieser Dateien werden aufgrund von Datenträger-Gaus und Entsorgung schon verschwunden sein? Wie viele Bilder werden durch das Ereignis eines apokalyptischen Hackings noch übrig sein? Wer kann über ein im Netz verfügbares Bild in 100 Jahren noch mit Sicherheit sagen, dass es nicht die Imitation einer Fotografie ist?

Natürlich lässt sich die ganze Zeit einwenden, dass es mit der Erfindung der Fotografie immer auch Fotomontagen, Collagen, Manipulationen, Propaganda, Ausschneidungen und Einfügungen gab, mit der man eine Authentizität der analogen Fotografie in Frage stellen kann. Eine Frage, die in den Bildwelten, präsentiert im Kontext der Kunst in Museen, Galerien, Fotowettbewerben, im Studiobereich oder in Fotoforen oft nur noch eine rhetorische ist. Aber kann es sein, dass diese eher Vorläufer einer zukünftig-alltäglichen Bilderwelt sind?

Sicher scheint mir, dass die bisherigen *Schiebungen* nur winzige Bruchteile dessen sind, was erst noch kommen wird.

Bling Bling oder Dichografien?

Die Zeitmaschine in die Vergangenheit, die durch die Erfindung der Fotografie möglich gemacht wurde, wird durch jede neue digitale Erweiterung in weitere Einzelteile zerlegt und verschwindet im Nebel der unendlichen Möglichkeiten der digitalen Verschiebungen. Mit der weitreichenden Digitalisierung nähert sich die Fotografie auf unterschiedlichen Ebenen unaufhaltsam der Malerei an. Dabei geht in gleichem Maße die Authentizität der Fotografie verloren.

Wenn beim Betrachten der Bilder kein Vertrauen mehr auf einen Verweis zu Wirklichkeiten besteht, dann wird man auf das Rezipieren einer Malerei zurückgreifen müssen, um einen Zugang zu finden. Damit wären wir dann in der Welt wieder vor der Zeit der Erfindung der Fotografie. Mit dem zunehmenden Verschwinden der aus dem analogen Denken entstandenen Fotografie, eröffnen sich mit den neuen digitalen Technologien gleichermaßen ungeahnte neue fantastische Bildwelten im wahrsten Sinne des Wortes.

Das Fazit von 1988 (S. 37) scheint sich zu bewahrheiten, »rund 150 Jahre wird einst die Epoche gedauert haben, während der man guten Gewissens vom Authentischen in der Fotografie sprechen kann.«

Was von diesem Zeitfenster bleibt, sind archäologische Artefakte einer analogen Fotografie wie z. B. vergilbte Silbergelatine-Abzüge oder fast verblichene Farbprints, die wie eine Zeitkapsel einen Blick in längst vergangene Zeiten öffnen.

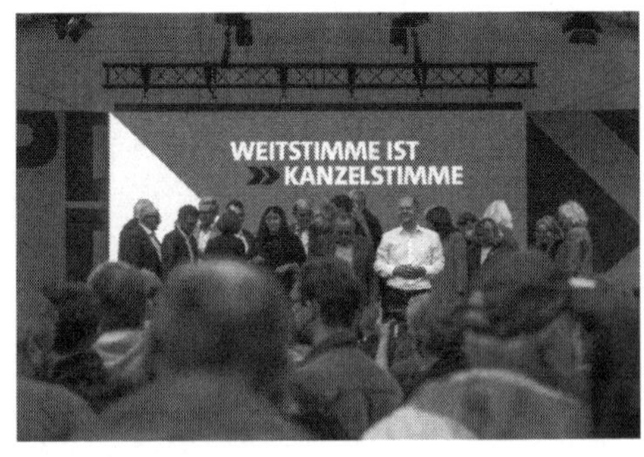

Vielleicht ist die immer wieder in Frage gestellte Authentizität der analogen Fotografie der eigentliche Kern einer Kunst, die fast unbemerkt zu den wichtigsten ihrer Zeit zählt. Zu groß scheint die Sehnsucht der Menschen, über sich und ihre Herkunft etwas zu erfahren und in Bildern nach Spuren und Hinweisen fahnden zu wollen. Die Dokumentarfotografie und der Fotojournalismus erfüllen diese Suche der zukünftigen Generationen umfangreicher und nachhaltiger (falls gut bewahrt), wie keine andere Technik der Bilderzeugung zuvor.

Es wird einen Begriff geben müssen, der die digitale Bildproduktion eindeutig erkennbar macht und von den analog tradierten Fotografien abgrenzt. Nur durch einen eindeutigen Begriff lässt sich einerseits der analog und analog-gedachte digitale Fotojournalismus und Dokumentarfotografie rückwirkend schützen und andererseits die neue digitale *Fotografie* für die Zukunft als eigenständiges Genre deutlich abheben. Durch die Abgrenzung zum Analogen öffnet sich gleichzeitig mit dem neuen Begriff ein neues Fenster zu Bildproduktionen, die befreit sind von den Altlasten nicht einhaltbarer Versprechungen. Mit der Erkenntnis, dass durch die digitale Zeitenwende die analog-tradierte Fotografie in Zukunft eher eine Nische neben der dominanten digitalen Bildgebung sein wird, öffnen sich für beide Genre neue innovative Bildwelten in der Darstellung politischer Ereignisse.

Aber welchen Begriff könnte es für die Neuen Bilder geben?

Synthesien, Synthesist, Digigrafie, Digigraf, Binatypie, Binatypist, Dichograf, Dichotypien, Bitsografien,[58] Bitsograf, Bitarygraphy, Bling Bling, Dichography oder Dichografien?[59]

So habe ich es gesehen, Olaf Scholz im Bundestagswahlkampf, Köln, 24.9.2021, Dichografie, mi-generiert 2021

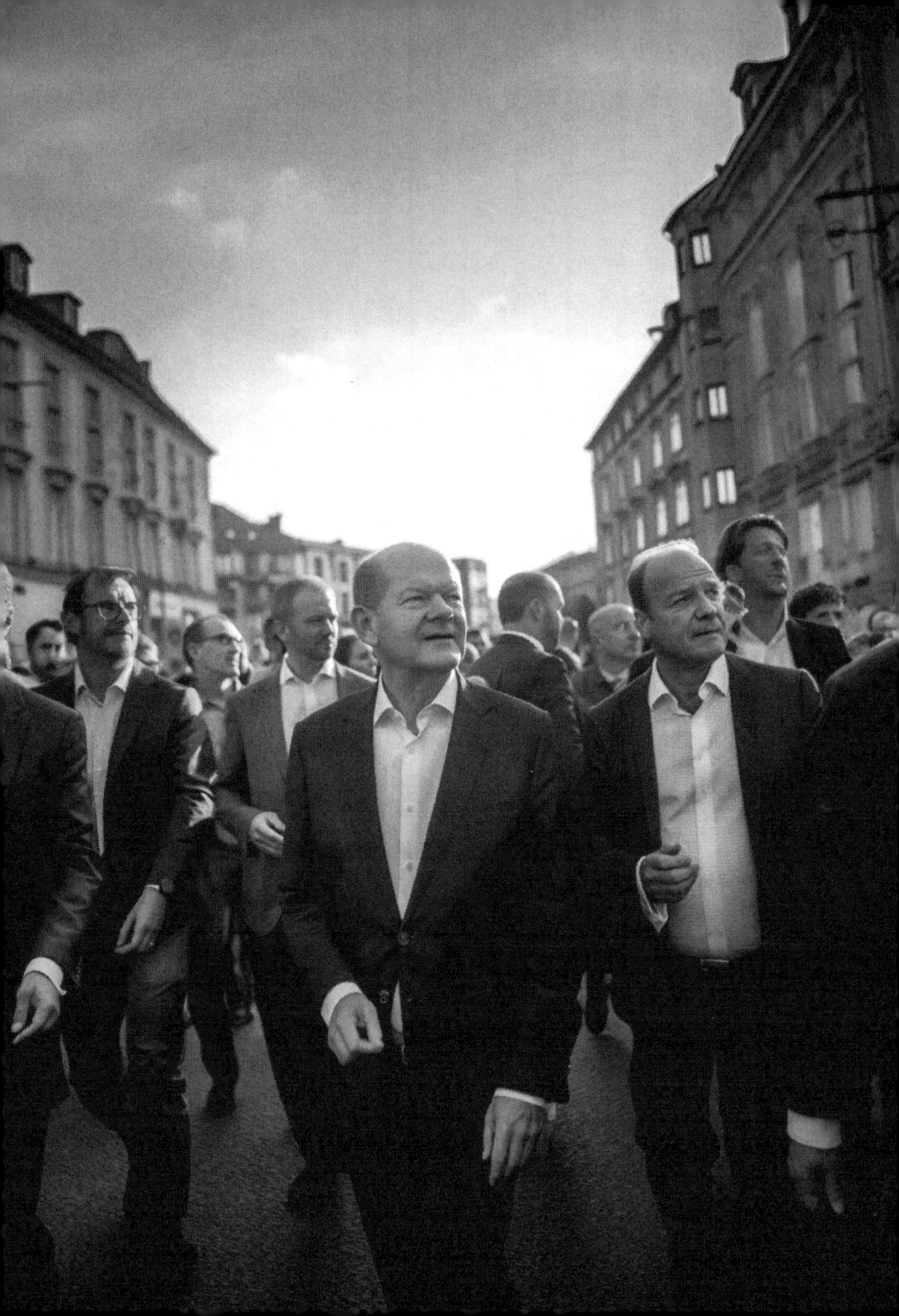

Die Welt der neuen Bilder

Es kommt die KI

Mit der Einführung der öffentlich verfügbaren KI-Bild- und Textgeneratoren und den ersten vielfältigen KI-generierten Bild- und Textproduktionen wird die Dimension der kulturellen Transformation von der alten Bilderwelt zu den Bildern einer neuen Welt nun deutlich sichtbar. Während Ende 2021 die ersten eindrucksvollen künstlich-generierten authentisch wirkenden Portraits auf der Website ***THISPERSONDOESNOTEXIST.COM*** kaum bis gar nicht von der Öffentlichkeit beachtet wurden, rückten seit Herbst 2022 die KI-generierten Bilder mit jedem Update der Hersteller immer stärker ins Bewusstsein der Produzentinnen und Konsumenten.

Im Mai 2023, mit der Einführung von Midjourney v5.1, ist die Qualität der KI-generierten Reportage-Bilder in einer Entwicklungsstufe angelangt, die sich im Tageszeitungsdruck nicht mehr von analoger oder analog-tradierter Dokumentarfotografie oder vom Fotojournalismus unterscheiden lässt. Voraussetzung ist, dass die Bilder in der Nähe einer plausibel-glaubwürdigen Nachricht bleiben. In demokratischen Systemen sorgen die Verantwortlichen wie Verleger, Chefredakteurinnen, Journalistinnen und Journalisten noch dafür, dass KI-generierte Bilder nicht als Desinformation in die seriöse Medienlandschaft gelangen. Dennoch erfolgten überraschend schnell erste KI-generierte Bilder als Eyecatcher in den Medien. Die erste auffällige KI-generierte Bildproduktion stammt von dem Briten Eliott Higgins. Als Gründer der Investigativ-Plattform Bellingcat hatte er 2014 kurz nach dem Abschuss des Fluges MH17 schon nach wenigen Tagen mit der Recherche in sozialen Netzwerken, bei russischen Behörden und mit Satellitenbildern die ersten Beweise geliefert, die Russland als Täter aus-

Olaf Scholz im Bundestagswahlkampf 2025,
Dichografie, ki/mi-generiert 2023

wiesen. Higgins ist einer der wichtigsten Aufklärer, wenn es um Fakes geht. Und ausgerechnet die Boulevard-Tageszeitung BILD, die nicht immer für eine lupenreine Recherche bekannt ist, sorgte als erste am 21.3.2023 mit dem von Higgins KI-generierten Bild der Verhaftung Donald Trumps im Reportage-Stil für Aufsehen und titelte: »Spektakuläre Bilder, aber (noch?) unwahr.«[60] Wenn es eines Beweises bedurfte, wie sich die Welt verändert, dann in der Zusammenarbeit zweier Instanzen, die nicht unterschiedlicher sein könnten. Nun waren die anderen deutschen Redaktionen gezwungen nachzuziehen. Veröffentlicht wurden u. a. die Verhaftung Putins, das Gerichtsverfahren Donald Trumps oder der Papst, der mit einer weißen Outdoorjacke unterwegs ist. Was die Leser sahen, waren sensationelle, leicht durchschaubare Reportage-Bilder, die unterhaltsam zeigten, was mit KI-Generierung möglich ist. Die Bilder gingen durch alle Medien und wurden in den sozialen Netzwerken weltweit geteilt. Mit diesem medialen Echo hat sich die Wahrnehmung einer Authentizität von Fotografie um eine weitere Nuance verrückt.

Die Reportage-Bilder der Verhaftung Trumps oder Putins sind Kompositionen politischer Ereignisse. In den Bildern wird ein zukünftig mögliches oder gewünschtes politisches Ereignis in Form einer Imitation von Fotografie dargestellt. Es ist ein Storytelling möglicher zukünftiger Ereignisse mit real existierenden Personen der Zeitgeschichte. Es ist fiktiv. Das ist spannend und unterhaltsam. Das Gesehene in den abgebildeten Szenerien erzeugt beispielsweise zustimmende oder ablehnende Emotionen. Das führt zur Frage, ob eine Imitation von Reportage-Bildern ethisch vertretbar ist. Aber der weitaus interessantere Aspekt ist, ob die Bilder in Zukunft als Imitation von Fotografie in den Medienkanälen noch so leicht erkennbar sind?

Eine andere Form der Computer- oder KI-generierten Komposition könnte auch die Darstellung tatsächlich stattgefundener politischer Geschehnisse sein. Dabei ist erst einmal irrelevant, wer ein Ereignis wie, sei es zustimmend, ablehnend oder scheinbar sachlich, je nach politischem Kontext, darstellt. Interessant ist der Gedanke, dass die menschlichen Sehgewohnheiten sich einer Imitation von Fotografie, die mit den Stilmitteln der dokumentarischen Fotografie eine Authentizität simuliert, kaum entziehen kann.

Digitale Komposition politischer Ereignisse

Die Evolution der technologischen Möglichkeiten in der Fotografie hat zur Imitation von Fotografie geführt. Doch wie verträgt sich meine jahrzehntelange dokumentarische Fotografie politischer Ereignisse mit der Vorstellung, dass eine digitale Komposition historischer Ereignisse in Form einer Imitation von Fotografie durchaus Teil der visuellen Kommunikation einer Gesellschaft sein könnte? Was führte, trotz der Nähe zur dokumentarischen Fotografie, zur gegensätzlichen Idee der Komposition politischer Ereignisse?

Der Gedanke hatte einen langatmigen Vorlauf und begann 1985, ohne das Reiseziel zu kennen, mit einem ersten ***Portrait*** (S. 12). Ich lotete aus, wie sich das Hinzufügen von Bildelementen auf die Authentizität einer Fotografie auswirken könnte. Ich fotografierte ein Portrait, machte davon einen Abzug, setzte drei Nadeln auf das Papier mit der Abbildung der Person, fotografierte die Fotografie mit den Nadeln und machte davon wieder einen Print. Seinerzeit notierte ich in mein Arbeitsbuch zum erstellten Portrait: »Zerstörung bzw. Deutlichmachung der Illusion einer Fotografie. Spürbarer Schmerz, der durch in die Augen gestochenen Nadeln erzeugt wird. Die Illusion einer Realität, einer (wahrhaft wirklichen) Person wird durchbrochen, durch eine irreale Situation, die erst durch rationale Betrachtung deutlich wird. Widerspruch zwischen dem Schmerz, den eine Nadel im Auge erzeugen müsste, und dem Gesichtsausdruck, der davon unbeeindruckt scheint.«

Hier stand noch nicht die Idee einer Komposition im Vordergrund, sondern die Frage, inwieweit Fotografie als Realität wahrgenommen wird und dadurch Emotionen auslösen kann. Es war ein Versuch zu ergründen, wie relevant Fotografie für das alltägliche Leben sein könnte. Es folgten weitere Stationen des Ausprobierens in verschiedene Richtungen, wie u. a. mit der Collage ***Selbstportrait*** (1985) bei der ich einen Abzug eines Selbstportraits in Streifen schnitt und neu zusammensetzte: »Demontage und Konstrukt. Analoge Collagen der Selbstfindung mit einem Ausblick auf die Erweiterung der Wahrnehmung durch Demontieren und erneutes Konstruieren der Abbilder«. Motiviert durch den Essay zu ***Lady Di und der Neue Fotograf*** produzierte ich später erste *mit-dem-computer-generierte* Collagen wie ***Netzwerke*** (1992), das als Auftragsarbeit für ein Wirtschaftsmagazin entstand. Illustriert werden sollte, dass die »hehren Ideale« der Digitalisierung nicht funktionieren und das anerkannt werden muss, »daß Netzwerke und demokratische Entscheidungen nicht gleichzusetzen sind.«[61]

Später entstand ***Wie aus dem Gesicht geschnitten*** (1996) mit der ich auf die möglichen Irritationen bei der Einordnung von Lebewesen verwies. »Ist die Evolution nur auf biologische Objekte beschränkt oder lassen sich nun auch neue Lebensformen digital erschaffen. Kürzlich tauchte aus dem Dunkel eine erste Kreatur hervor, die sich in keinem Lexikon wiederfindet …«. Auch hier diente ein Selbstportrait als Ausgangsmaterial, dass zeitaufwendig gescannt und mit einem rudimentären langsamen Rechner jener Zeit bearbeitet wurde. Auf dem Bildschirm war kaum zu erkennen, ob die *Verschmelzung* zweier Bilder gut gelang. Das Format war entsprechend klein und das Bild ist auf eine durchscheinende Folie gedruckt, die als Großformat-Dia für einen großformatigen Print eingesetzt werden sollte. Man merkt: Die analoge Fotografie schwingt beständig mit und setzt den Möglichkeiten der Bildgebung noch Grenzen, die heute aufgehoben sind.

Mit der Produktion eines Bühnenbildes für das Theaterstück ***Liebesgeschichte (letzte Kapitel)***,[62] unter der Regie von Inka Neubert, setzte ich 2001 erstmalig umfassend die Technik einer digitalen Komposition ein. Das Bühnenbild war zwar virtuell, aber es musste in vielen handwerklichen materiell bedingten Schritten hergestellt werden. Gebraucht wurden analoge Kameras, Filmlabor, Scanner, Reprokamera, wieder Fotolabor, Schere, Diarahmen, Kodak-Karusselle und manuell zu bedienende Diaprojektoren. Es war eine Projektion, die sich in Einzelbildern schrittweise veränderte. Aus den Bildelementen eigens dafür selbst erstellter Fotografien (Farbnegativ und C-Print) collagierte ich am Computer eine neue Realität. Die verwendeten Bild-Elemente aus den gescannten C-Prints waren ein Hochhaus (Mediapark Köln), Schilf, Vollmond, ein dichtbelaubter Baum im Wind, die Wand des Bühnenhintergrundes und die drei Schauspieler. Aus diesen Elementen erstellte ich 15 Panoramen. Jedes Panorama fotografierte ich in vier Teilen vom Bildschirm ab und fügte die Einzelbilder mit vier nebeneinander geschalteten Diaprojektoren wieder zu einem Panorama zusammen. Im Verlaufe der Inszenierung wurden dann die 15 Panoramen als Bühnenbild auf eine eher unruhige Betonwand im ansonsten leeren Raum projiziert. In den letzten Szenen des Stückes vervielfältigte und verschachtelte sich der Bühnenraum und dort, wo die Schauspieler den Platz verließen, verblieben ihre Abbilder an ihren alten Standorten projiziert stehen. »Beinahe unmerklich mutiert ein lindgrüner Blätterwald zu einem dynamischen Strudel, als hätte ein Magnet die Blätter zu kreisenden Partikeln vereint. Und wenn im zweiten Teil die Bilder einer Wand auf der Wand erscheinen, werden diese vollends zum Symbol für die Vergeblichkeit menschlicher Kommunikation.«[63] Hier lässt sich feststellen, dass im Kontext eines Theaters oder der Kunst die Imitation oder Alteration von Wirklichkeit nicht zu einer Irritation führt, weil sie, sei es als Entertainment oder Erkenntnisgewinn, zur Abmachung mit dem Publikum gehört.

Eine größere Abstraktion erreichte ich im selben Jahr und Ort dann mit der Projektion ***Morguemorph – Gefühlskomfort*** im Filmhaus Köln. Es folgten unter dem Zyklus ***Digitalis*** noch eine ganze Reihe weitere Experimente, die sich mit den Grenzen einer Authentizität beschäftigten, die sich gleichzeitig mit den Neuerungen der Computertechnik verschoben. Mit der technologischen Entwicklung mitgehend, von einem Macintosh Plus mit einem *Schwarz-oder-Weißer-Punkt-Monitor* mit einer Größe von 512×342px, einem Arbeitsspeicher von 1 MB (in Worten EINS), einer Festplatte von 20 MB zu den heutigen Rechnern, nahm ich 2019 wieder die Idee des »Neuen Fotografen« (S. 36) auf. Mit schnellerem Rechner, weniger Wartezeiten, besserer Software, direkt verfügbaren digitalen Daten und günstigem Speicher fotografierte ich für die Bildserie ***EUROPAWAHL 2019*** verschiedene Kundgebungen und realisierte testweise den Gedanken einer digitalen Komposition politischer Ereignisse. Daraus entstanden Arbeiten, die ich bei Vorträgen, Artist-Talk oder im persönlichen Gespräch Kollegen vorstellte. Die Reaktionen ähnelten meiner eigenen, die sich während der Bildbearbeitung bei der Betrachtung der ersten Ergebnisse einstellte. Es war eine Mischung aus Faszination, Skepsis und Schaudern und erinnerte mich an die Reaktionen zum ***PORTRAIT 1985*** (S. 12).

Mit diesen Erfahrungen begann ich dann im Mai 2021 eine umfangreiche Bildserie unter dem Arbeitstitel ***DER NEUE FOTOGRAF – DIGITALE KOMPOSITION POLITISCHER EREIGNISSE***,[64] die am Ende des Jahres mit dem Titel ***SO HABE ICH ES GESEHEN*** vollendet war. Für die Serie nutzte ich die erprobte Arbeitsweise aus der ***EUROPAWAHL 2019*** und fotografierte nun die Szenerien der politischen Kundgebungen der Bundestagswahl, teils wie ein Bühnenbild und setzte die Bildelemente aus verschiedenen Zeitebenen zusammen, um ein politisches Ereignis umgedeutet zu illustrieren. Die Arbeiten waren auch hier händisch am Computer collagiert. Die Komposition folgte aus heutiger Sicht im Prinzip einer KI-generierten Technik. Nur mit dem Unterschied, dass bei allen Schritten mit Hilfe der über Jahrzehnte eigens eintrainierten Mustererkennung die Fixierung, Dekonstruktion, Kombination und Konstruktion der visuellen Elemente in allen Arbeitsgängen eigenschöpferisch erarbeitet war. Es entstand also eine mit menschlicher Intelligenz (MI) generierte Komposition politischer Ereignisse. Die Bilder waren bewusst nicht als Eyecatcher angelegt, wie beispielsweise die einer dramatischen Verhaftung eines Politikers, sondern sie sind ruhig und *dokumentarisch*. Aber genau in dieser gewohnten und als plausibel-realistisch eingeschätzten Fotografie vollzieht sich langsam und kontinuierlich der Wandel der Wahrnehmung.

> ***E***s sind nicht die sensationellen Bilder, die das Vertrauen untergraben, sondern die Bilder, die wie alltäglich gewohnte Fotografien erscheinen, aber Fotografie imitieren, Realität modulieren und in den gewohnten Kanälen im Laufe der Jahre zunehmend verbreitet werden.

Einen ähnlichen Weg verfolgte auch der norwegische Fotograf Jonas Bendiksen mit dem publiziertem Buch ***The Book of Veles***. Er produzierte eine Fotoreportage mit einem Essay über eine nordmazedonische Stadt, die als Epizentrum der Fake-News Produktion gilt. Bendiksen fotografierte leere Straßen und Orte als Szenerien und fügte später künstlich generierte Personen als Avatare hinzu, die mit KI und anderen verfügbaren Techniken dieser Zeit konstruiert wurden. Der Essay wurde mit Chat-GPT erzeugt und Bild und Text als Fotobuch eines Magnum-Fotografen in den Verkauf gebracht. Er klärte über die Fälschung oder besser gesagt, über die Fiktion nicht auf und beließ die Leser im Glauben, dass es sich um eine echte Reportage handeln würde. Nur der Verleger und seine Lebensgefährtin waren informiert. Verwundert stellte Bendiksen fest, dass niemandem dieses Fake auffiel. Stattdessen wollten die Zeitungsmacher die Geschichte unbedingt drucken. Das wäre unter normalen Umständen der Wunsch eines jeden Fotojournalisten oder einer jeden Fotojournalistin. Im Herbst 2021 outete er sich dann im Blog der Fotografen-Agentur Magnum[65] und erklärte, dass die Bilder, der Text, die ganze Geschichte Fiktion ist. Der Ärger der Kuratoren, Fotoexperten, Bildredakteure war entsprechend groß, da sie nicht vorgewarnt wurden und über Monate dachten, es handelte sich um eine echte Story. Allerdings hatte

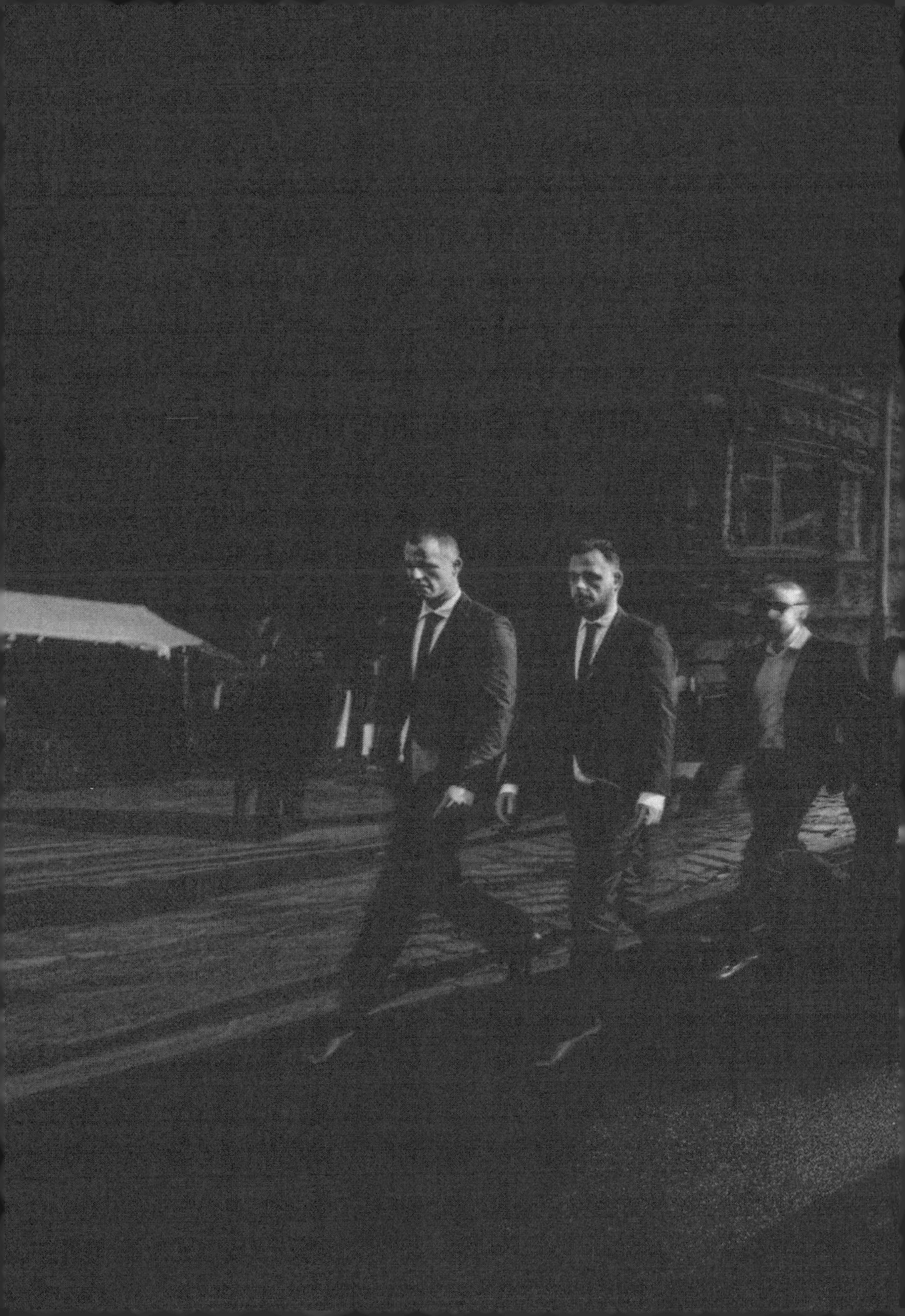

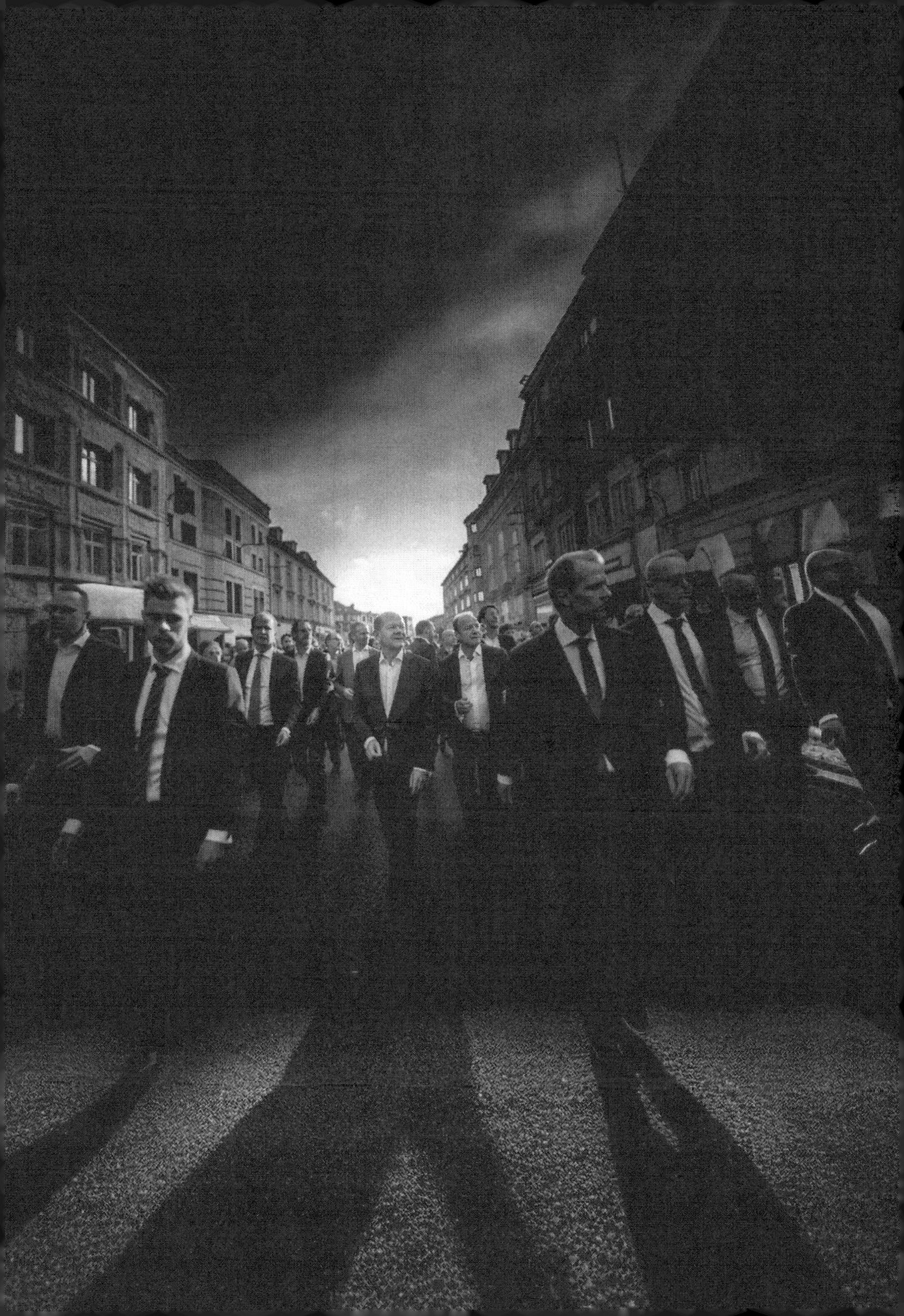

Bendiksen das Buch als Medienkritik produziert und eine spätere Offenlegung war Teil des Konzeptes, um zu erfahren, wie umfangreich Fakes funktionieren könnten. Die Verfügbarkeit neuer Technologien machte es möglich, Fotojournalismus in diesem Umfang zu imitieren. Das langjährige Vertrauen in die Quelle und in das Vertriebsnetz der Agentur Magnum sorgte für die Verbreitung, ohne dass die Arbeit als Fiktion in Frage gestellt wurde oder auffiel. Das zeigt, wie wichtig in Zukunft die Vertrauenswürdigkeit der Quelle sein wird, sei es der Autor, die Fotoagentur, oder das publizierende Medium. Aber es zeigt auch, wie schnell eine Vertrauenswürdigkeit nachhaltig verloren gehen kann, wenn diese nicht sorgsam gepflegt wird.

Die Evolution der digitalen Welt ist noch lange nicht an ihrem Ende angekommen und die bisher eingeführten technologischen Errungenschaften haben bereits zur Imitation von Fotografie geführt. Die Werkzeuge sind da, und man kann wohl von einem industriellen Charakter der aufkommenden Möglichkeiten sprechen. Die Frage der Zukunft wird sein: Wer wird sie, wie und zu welchem Zweck nutzen?

Stalins Retuschen

Die Manipulierbarkeit einer Fotografie ist ein altes Geschäft, dem auch Leo Trotzki zum Opfer fiel. »Lenin spricht am 5. Mai 1920 zu den Truppen von einem Holzpodium, das vor dem Bolschoi-Theater in Moskau errichtet worden war.«[66] Im Original der seltenen Aufnahme von G.P. Goldstein steht Trotzki rechts neben dem Podium. Später wurde Stalins Widersacher Leo Trotzki durch eine aufwendige Retusche aus dem Bild *gelöscht* und dieses in unzähligen Varianten publiziert. Stalins politischem Gegner Trotzki wurde seine Bedeutung genommen, indem die Fotografien, die diese bezeugen könnten, umgestaltet wurden. Wahrscheinlich ist es die erste und berühmteste der stalinistischen Retuschen. Daraus wurde ein großangelegtes Business der Fälscher, das für den stalinistischen Terror mit seinen Massenmorden gebraucht wurde, um Geschichte im Sinne des stalinistischen Personenkultes umzudeuten. Wenn man die in David Kings Bildband gesammelten Beispiele der sowjetischen Retuschen sieht, wird deutlich, welche Macht den Fotografien seinerzeit zugetraut wurde. Die meisten Abgebildeten auf den Fotografien hatten wichtige Positionen und fielen während der stalinistischen »Säuberungen« fast alle in Ungnade und wurden, teils auch mit ihren Familienmitgliedern, hingerichtet. Es ist heute fast vergessen, aber am Ende seiner Diktatur waren Millionen Menschen ermordet worden. Es fällt auf, dass massenhafte Bildfälschungen ein Geschäft der Autokraten sind.

Eine Eigenschaft der Fotografie ist, dass im Moment der Aufnahme das Abgebildete schon vergangen ist und nachweisbar Teil der Historie geworden ist. Die abgebildete Historie gehört zur Identität einer Gesellschaft, eines Menschen oder ist Teil des Gerüstes eines politischen Machtgefüges. So ist es für eine Autokratie wesentlich, Historie so anzupassen, dass sie in ihrem Sinne identitätsbildend, zukunftsweisend und Macht erhaltend ist. Stalin wäre kein Diktator gewesen, wenn er das Werkzeug einer Massenkommunikation wie die Fotografie, die so unerbittlich Realitäten abbildet, nicht manipulativ genutzt hätte.

Man muss auch kein Hellseher sein, um sich vorzustellen, wie mit den heutigen Mitteln Geschichtsrevision betrieben werden kann, wenn totalitäre Staaten diese nutzen können oder wenn demokratische Systeme zu autokratischen werden. Und hier offenbart sich die enorme Dimension zukünftiger Veränderungen und die Gefahr eines Verschwindens von Demokratien. Denn eine Geschichtsumdeutung, wie sie unter Stalin praktiziert wurde, ist in diesem Umfang tatsächlich nur in vertikalen Hierarchien der Macht möglich. Im Gegensatz zu den flachen Hierarchien der Demokratien, in denen es weitreichende Korrektive gibt, wie sie beispielsweise durch eine unabhängige Justiz oder einen unabhängigen Journalismus gewährleistet wird.

Das Werkzeug der unbegrenzten Möglichkeiten

In den letzten Jahren haben sich die Möglichkeiten, Fotografien zu verfremden, erheblich verbessert und nähern sich, wie 2021 beschrieben, sinnbildlich dem Werbeslogan: »Ersetze den Himmel mit einem Klick« (S. 41). Die Bilderzeugung durch KIs verstärkt nun eine Ästhetik, die schon seit Jahren im Trend liegt. Das lässt sich am Beispiel der Mode- und Portrait-Fotografie zeigen: Hier geht es um Identität des Einzelnen, auch als Teil einer spezifischen Gemeinschaft. Die inszenierten Portraits, gefilterten Smartphone-Portraits oder Portraitszenerien haben sich schon seit Jahren einer künstlichen Welt angenähert, werden aber trotzdem oft als authentische Fotografie wahrgenommen. In der Folge fällt der Unterschied zu den inzwischen veröffentlichten KI-generierten Portraits in vielen Fällen kaum noch auf. So ist nicht verwunderlich, wenn KI-generierte Bilder problemlos und unerkannt über soziale Netzwerke in den Umlauf kommen konnten.

Der Fotograf Joe Avery[67] ist mit seinen seit Oktober 2022 produzierten Portraits von nicht existenten Menschen auf Instagram zu einer Berühmtheit geworden und konnte seinen Account auf rund 50000 Follower anwachsen lassen. Wettbewerbsgewinne gab es auch für Künstler wie Jason Allen, der mit dem KI-generierten Bild ***Théâtre D'opéra Spatial*** den Kunstwettbewerb der Colorado State Fair im August 2022 gewonnen hatte, für den er rund 900 Bilder generierte, die besten nachbearbeitete und in der Kategorie »Digital Arts/Digitally Manipulated Photography« einreichte.[68] Ebenso reichte auch der Fotokünstler Boris Eldagsen beim Sony World Photography Award in der Kategorie »Kreativ« KI-generierte Portraits ein, die prompt den ersten Preis gewannen. Den lehnte er während der Übergabe bei der feierlichen Preisverleihung im April 2023 mit der Begründung ab, dass es keine Fotografien sind.[69]

Vorheriges Bild und rechts:
Olaf Scholz im Bundestagswahlkampf 2025,
Dichografie, ki/mi-generiert 2023

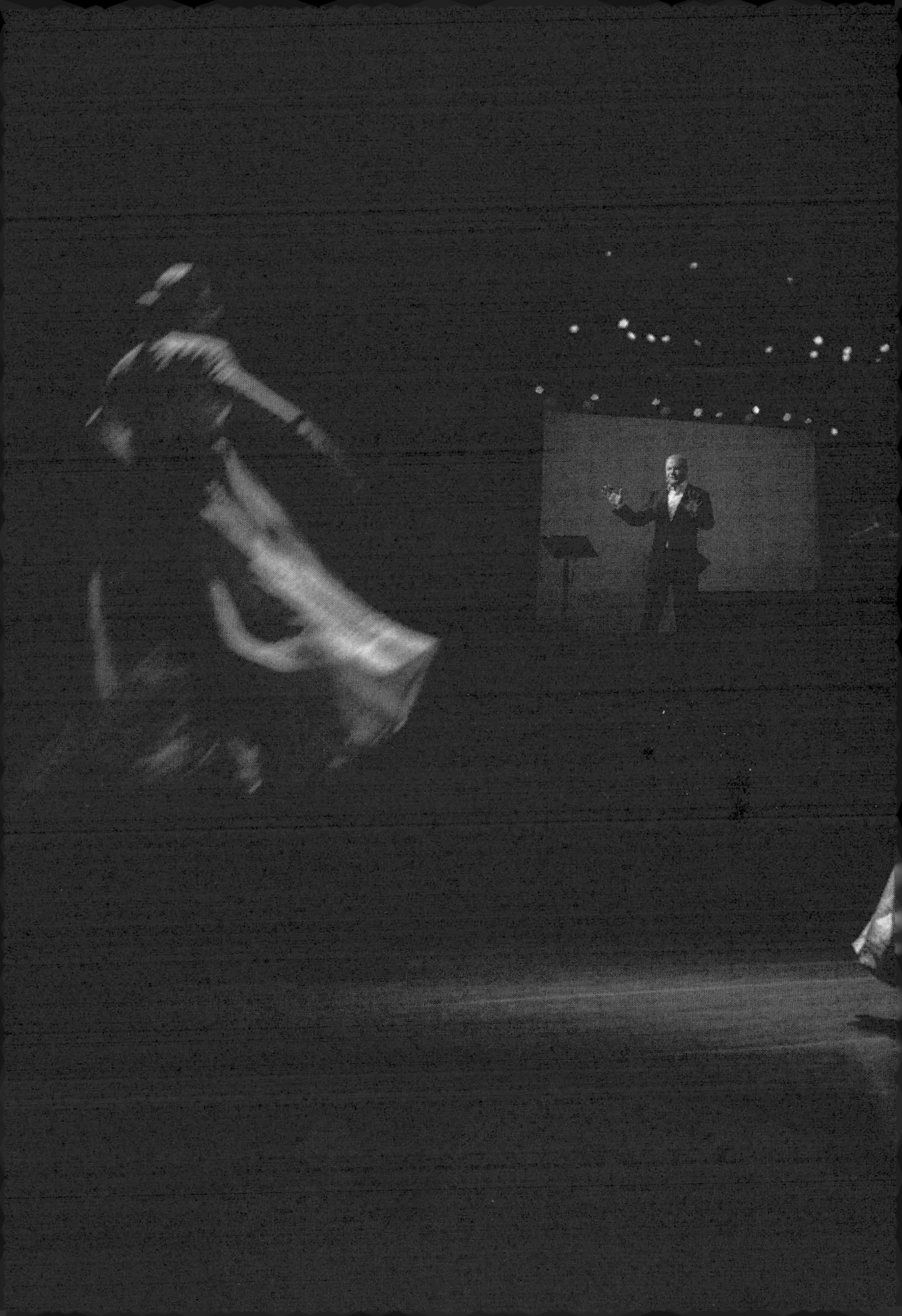

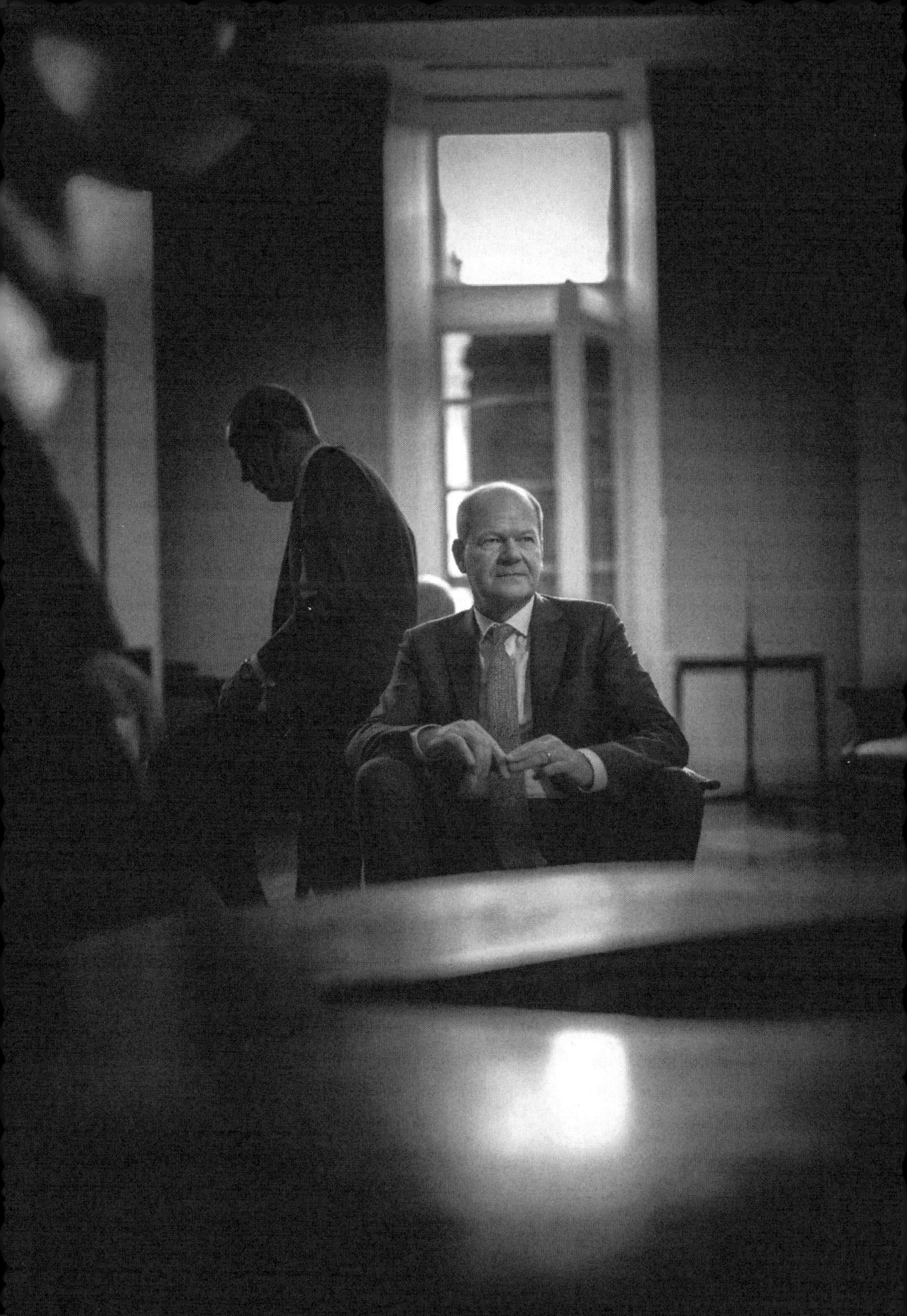

Aufgrund ihrer in den Bildern verstärkten, fremdartigen und mystischen Anmutung stießen die Arbeiten der drei Künstler auf eine beträchtliche Begeisterung. Im Interview mit der New York Times sagte Jason Allan über seine Arbeit mit dem KI-Generator Midjourney: »I couldn't believe what I was seeing, [...] I felt like it was demonically inspired – like some otherworldly force was involved.«[70] Die Reaktion ähnelt der, wenn Menschen zum ersten Mal eine Fotografie sehen oder wenn früher ein angehender Fotograf oder eine angehende Fotografin in der Dunkelkammer zum ersten Mal ein belichtetes Papier in den Entwickler legte und beobachtete, wie aus dem Nichts die Vergangenheit – oder besser, eine vergangene Realität – ganz langsam wieder lebendig wurde. Es ist Faszination und Schaudern zugleich.

Vermutlich hatten die Künstler nicht mit dieser großen und später auch kritischen Resonanz gerechnet. Vielleicht wurden sie, je länger nicht aufgeklärt wurde, auch mit ähnlichen Gewissensbissen konfrontiert, wie sie Bendiksen beschrieb. Sie machten deutlich, dass sie nicht die einzigen Urheber waren, sondern eine KI als weitere Künstlerin Urheberin ist und verteidigten ihr Werkzeug (KI) mit unterschiedlichen Begründungen. Neben der KI-generierten Qualität der Arbeit, war es aber vor allem das Outen eines Fakes, ob übersehen, nachträglich oder gewollt, das in der Folge zur enormen Verbreitung in den Medien führte. Hier stehen die Antennen der Aufmerksamkeit schon eine Weile auf Empfang, da das Thema Deepfake durch Donald Trumps Lügenmaschinerie oder Wladimir Putins industrielle Propaganda schon lange am oberen Siedepunkt liegt.

Gleichzeitig mit den Publikationen in den Zeitungen und den zunehmenden Offenlegungen reagierten im Frühjahr 2023 die Berufsverbände und Vereine der Fotografen und Fotografinnen überrascht und schockiert, nachdem sie zuvor die Entwicklung kaum ernst genommen hatten. Es wurden überhastete Statements

Olaf Scholz im Bundestagswahlkampf 2025, Dichografie, ki/mi-generiert 2023

mit den unterschiedlichsten Erklärungen, Forderungen und Mahnungen herausgebracht. Workshops wurden angeboten, wie man KI als Service für Kunden beruflich nutzen kann und es kursierten jede Menge Podiumsdiskussionen und Podcasts zum Thema. Da stellt sich die Frage: Warum erst jetzt? Überraschend ist auch, dass trotz aller aktuellen Diskussionen, selbst bei Journalistenverbänden oder den Hochschulen für Fotojournalismus, die Dimension des Wandels nicht wirklich durchdringt und versucht wird, eingerahmt in alten Glaubenssätzen, die aufkommenden bösen Geister unsichtbar zu halten.[71]

Man kann sich lebhaft vorstellen, wie in den Kunstsalons der Wende zum 20. Jahrhundert die malenden Künstler der alteingesessenen Netzwerke aufgeregt diskutierten, was man der Erfindung der Fotografie entgegenhalten könnte, um den Berufsstand zu wahren, während *draußen* bereits schon tausende Fachfremde experimentierten, der Vertrieb verbesserter Apparate mit ihren Chemikalien schon zu einem riesigen Business anwuchs und dabei übersehend, dass dies auch auf die Anzahl der Anwender und Konsumenten hindeutet.

Im Vorgang der Offenlegungen und Statements zeigt sich ein erstes Auseinanderdriften in der öffentlichen Wahrnehmung von Fotografie und den Bildern einer neuen Welt.

Doch bei all diesen Diskussionen fällt auf, dass ein dichter Nebel über der Frage wabert, was eigentlich den Kern der Fotografie ausmacht. Da Fotografie aus den unterschiedlichsten Bedürfnissen heraus praktiziert wurde und wird, verwundert es nicht, dass Fotografie auch aus unterschiedlichen Perspektiven definiert wird. An dieser Stelle gehen die Meinungen seit Jahrzehnten weit auseinander. So verwundert es nicht, dass auch der Blick auf die KI-Werkzeuge von unterschiedlichen Interessen geprägt ist und dadurch der Blick auf die wesentliche Veränderung, nämlich die der Wahrnehmung von Fotografie, im Widerstreit vernachlässigt wird.
Im ersten Essay (S. 22–37) ist bereits das grundlegende Prinzip der Komposition eines politischen Ereignisses beispielhaft am Besuch

Lady Di's in Köln beschrieben, wie der zukünftige »Neue Fotograf« mit politischen Ereignissen umgehen könnte. Auch, dass Prinzessin Diana und Prinz Charles gar nicht mehr zum Ort des Geschehens reisen müssen, weil die Bildelemente über Telefon auf den Computer geladen und durch ein Zusammenbauen der Elemente das Bild erzeugt wird. Aber um zu verstehen, warum diese Form der Bildgebung keine Fotografie sein kann, obwohl doch Licht und Linsen im Spiel waren, die selbst auch für eine KI-Bildgenerierung im Vorfeld benötigt werden, so muss zuvor genauer umrissen werden, was eigentlich Fotografie ist. An dieser Stelle wird es interessant, wieder die Anfänge der Fotografie zu betrachten.

Vielleicht macht es Sinn zu erkunden, ob eine Definition von Fotografie nicht doch mehr mit ihrem Ursprung zu tun hat als gedacht und ob dieser Ursprung nicht jeder Fotografie immanent sein müsste, um sie als solche bezeichnen zu können?

Camera Obscura, Bedeutungsperspektive und die Zentralperspektive

Bei der Durchforstung meiner handschriftlichen Notizen für diesen Essay fand ich eine Eintragung aus dem April 1986:

»Wirklichkeitsverständnis durch Bildmedien (am Beispiel der Fotografie). [...] Die Vorstellung des möglichen Vorhandenseins eines Fotoapparates und damit der Fotografie im Mittelalter führt mich zu der Frage, welches Bild ich nun vom Mittelalter hätte, [...] Inwieweit bestimmt die Fotografie die visuelle Vorstellung der Welt (vergl. Mittelalter und heute)? [...] Welche Auswirkungen hat die Manipulierbarkeit der Fotografie (und damit der Authentizität) durch den Computer auf die visuelle Vorstellung der Welt?«.

Die Bildwelt des Mittelalters, die sich fast ausschließlich der Bedeutungsperspektive bediente, war Weltbild zugleich. Nicht nur beispielsweise mit Ritualen oder roher Unterdrückung, sondern auch mit Bildern wurden Machtstrukturen aufgebaut, gefestigt und der Glaube an Gott wachgehalten.

»Man muss sich das Weltbild des Mittelalters vor Augen führen: Die Erde ist eine Scheibe, Gott waltet über ihr im Himmel. Gott schaut von oben hinab und sieht einzelne Ereignispunkte auf der Scheibe, z. B. Menschen oder Vulkane. Er bestimmt die Dinge …«. Der klösterliche Maler des Mittelalters zeigte flächig die dargestellten Ereignisträger als Piktogramme, die wiederum »nur symbolische Träger des Erdenschicksal bestimmenden Gottes« sind.[72]

Entsprechend waren die Figuren und Gegenstände formal gestaltet. Die bedeutendsten Ereignisträger wurden größer und die weniger bedeutenden, wie das *Bodenpersonal*, kleiner dargestellt. Die Figuren und Objekte fungierten als Sinnbilder auf den damals verwendeten Bildträgern wie Fresken, Tafelmalerei, Buchmalerei, Mosaikkunst oder der Glasmalerei. Da die mittelalterlichen Menschen nicht lesen konnten, waren es ihre bestimmenden Bilder der Welt und diese prägten damit auch ihr Weltbild. So wie damals durch die Glasmalereien in den Fenstern der großen Kathedralen die christlichen Botschaften als Lichtbilder einem Massenpublikum zugänglich gemacht wurden,[73] so sind es heute die leuchtenden Bildschirme, die in jedem Zimmer, jeder Hand- oder Hosentasche verfügbar sind. Sie prägen Weltbilder.

Obwohl die Camera Obscura schon seit der Antike bekannt war, musste erst eine weitere Voraussetzung für die spätere Erfindung der Fotografie gelegt werden. Diese kam mit der Entdeckung der Zentralperspektive um ca. 1425 durch den florentinischen Architekten und Bildhauer Filippo Brunelleschi (1377–1446), später wissenschaftlich mit einem Malereitraktat durch Leon Battista Alberti (1404–1472) untermauert.[74] Mit der Eroberung der dritten Dimension und dem Beginn der Erfassung der Welt als mathematisch konstruierten virtuellen Raum änderte die Einführung der Zentralperspektive alles. Sie wurde nicht nur Ausgangspunkt für die neue vorherrschende Bildwelt, sondern es wurden in der Folge auch die Denk- und Glaubensmuster abgelöst, die gleichzeitig zum Zerfall der bis dahin herrschenden Machtkonstellationen führten. Jede Kultur oder Zivilisationsstufe ist mit ihrer Bilderwelt eng mit den Informationstechnologien ihrer Zeit verknüpft.

Die Art und Weise, wie Brunelleschi die Zentralperspektive praktisch mit Tafel und Spiegel visualisiert und gespeichert hat, lässt sich fast mit einem Fotografie-ähnlichen Vorgang einer Fixierung von Wirklichkeit vergleichen. Er hat die Abbildung zu einem Wahrnehmungsexperiment werden lassen. Er stellte sich mit dem Rücken zum Objekt (das Baptisterium in Florenz), das er abbilden wollte. Vor sich hatte er einen Spiegel in dem das Baptisterium zu sehen war. Die für ihn dort sichtbare Perspektive und den Fluchtpunkt übertrug er auf eine Tafel und malte das Bild. Nach Fertigstellung bohrte er ein Loch auf Augenpunkthöhe in das Gemälde, drehte sich zum Baptisterium, hielt die Tafel mit der Bildseite zum Baptisterium und dahinter den Spiegel mit der Spiegelfläche zum Gemälde hin. Nun schaute er durch das Loch und sah das gespiegelte Gemälde mit dem gemalten Baptisterium. Wenn er den Spiegel wegzog, sah er das reale Baptisterium. So konnte sich jeder Florentiner von der Wahrheit der Abbildung überzeugen.[75]

Ohne das Aufkommen der Neuheit des Spiegels im 13. Jahrhundert wäre das Experiment nicht möglich gewesen. Interessant ist, dass ein Abbild im Spiegel vom Betrachter dreidimensional wahrgenommen wird. Die zweidimensionale Oberfläche wird ignoriert, diese gleicht aber – obwohl bewegt – einer Fotografie. Jahrzehnte nach dem Tod Brunelleschis beschrieb sein Biograf Antonio Manetti (1423–1497) die Wirkung des Abgebildeten und die Faszination, die von diesem Wahrnehmungsexperiment der Zentralperspektive ausging: »Wenn man das Gemälde auf diese Weise betrachtete, so schien es, als ob, was man sah, die Wirklichkeit selbst sei.«[76]

Der Künstler-Ingenieur Brunelleschi fand die beiden Axiome der Malerei, den Fluchtpunkt und die Proportionsregeln und bestimmte »die Regeln der das echte Sehen simulierenden Perspektive.« Er fand »die Regeln des Sehens, der visuellen Wahrnehmung.

Diese macht achtzig Prozent der Gesamtwahrnehmung und folglich dominierende achtzig Prozent der wahrgenommenen Welt aus.«[77] So beschreibt der Soziologe Davor Löffler das Entdecken der Zentralperspektive nicht nur als ein Zeichensystem aus einer kunstgeschichtlichen Betrachtung heraus, sondern anthropologisch als Teilaspekt einer logischen Folge von Technikkomplexitäten und Abstraktionsgraden, die die Menschheitsgeschichte in einem regelhaften Prozess von der ersten Werkzeugherstellung über die Entstehung der Medien bis zum Digitalzeitalter durchläuft.

So lässt sich hier, heruntergebrochen auf den Mikrokosmos eines einzelnen Bildermachers, beobachten, wie die technologische Entwicklung der Werkzeuge über Jahrzehnte die Möglichkeiten der Bildgebung erweitert und die Wahrnehmung und Strukturierung von Realität langsam verändert. Der Übergang von analoger Fotografie zur Digitalisierung der Bildwelt ist damit nicht nur aus fotogeschichtlicher oder zeichentheoretischer Sicht interessant, sondern wenn man an den Fotojournalismus denkt, eben auch soziologisch und damit macht- und gesellschaftspolitisch. Weiter schreibt Löffler: »Perspektive bezeichnet nicht nur den Blickwinkel, sondern auch den Standpunkt. Diese beiden Aspekte vermag die Malerei mit zentralperspektivischer Methode überhaupt erst zu vereinen. Eine gemalte Person kann nur in einem dreidimensionalen Raster eine Position einnehmen und zweitens in eine Richtung blicken. [...] er erkennt verschiedene Ausrichtungen und kann diese in Relation zu seiner selbst setzen, weil sich alles im Gemälde um eine Achse zwischen ihm und dem gegenüberliegenden Fluchtpunkt befindet. [...] Die Idee Individuum findet ihre Bestätigung erst in der Erfahrung, die Welt an einem perspektivischen Raster brechen zu können. Auf das Prinzip dieses Rasters kommt man aber nur mit Brunelleschis Entdeckung.«[78]

Mit dieser Entdeckung wurde aber gleichzeitig auch ein mächtiges Tor zu unendlich vielen neuen Möglichkeiten und Kombinationen, nicht nur für Bildfindungen, geöffnet. Zeitlichkeit, räumliche und zeitliche Erreichbarkeit, zeitliche Abfolgen lassen sich erkennen, Richtungen und Geschwindigkeiten.

»Diese perspektivische Weltsicht führte zur Annahme einer runden, sich um die Sonne drehenden Erdenkugel, bewiesen wurde sie aber erstmals von Kepler«. Die, von den Astronomen Nikolaus Kopernikus (1473-1543), Galileo Galilei (1564-1642) und Johannes Kepler (1571-1630) genutzten Geräte bestanden aus sinnvoll angeordneten, geschliffenen Linsen und es »wurden im virtuellen Raum der Perspektive, der Schnittstelle zwischen Verstand und Welt, neue Kombinationen bestimmter Gesetze und Elemente erprobt, bis die Linsenkrümmung gefunden wurde, die das einfallende Licht zum wahrnehmenden Auge im richtigen Winkel brach.«[79]

So wie die Linsen der Astronomen den Blick in die Weiten des Universums öffneten, den Raum der Ferne näher rückten ließen und zu neuen Erkenntnissen und Weltsichten führten, so konnte man später durch die unterschiedlichsten Linsen den für unsere Augen fast unsichtbaren Raum der kleinsten Objekte vergrößern. In Verbindung mit der Camera Obscura ließ sich das Gesehene mit Zeichnung und Malerei auf einen Bildträger fixieren. Die Technologie lässt sich als Weltenöffner betrachten und als Wissensspeicher, der weitergetragen werden konnte.

> ***E***s zeigt sich, die Einführung der Zentralperspektive ist nicht nur eine Erweiterung des kulturellen Zeichensystems und eine Ausweitung der Fähigkeiten der Wahrnehmung, sondern sie führt auch in der Folge zu einer Veränderung der Strukturierung von Realität.[80]

Man kann davon ausgehen, dass die Techniken einer Fixierung der Bildgebung auf einen Bildträger zur Wissenserweiterung der Menschen fundamental sind. Die nahezu zeitgleiche Einführung der Erfindung des Buchdruckes 1450 durch Johannes Gutenberg (1400-1468) ist ebenso ein Meilenstein, der die Vervielfältigung und die weite Verbreitung des Fixierten ermöglichte. Man kann sagen, beide Ideen - die eine auf dem visuellen, die andere auf dem sprachlichen Gebiet - ergaben zusammen eine Revolution der Massenkommunikation. Der Kunsthistoriker Samuel Edgerton sah die Entdeckung Brunelleschis als eine der »tiefsten Ideen der Menschheitsgeschichte« an.[81] Ohne die Verbindung von Perspektive und Buchdruck wäre »die gesamte weitere Entwicklung von moderner Wissenschaft und Technologie undenkbar gewesen.«[82]

Auch heute steht die Gesellschaft vor einer ähnlichen Veränderung, wenn man sich mit der sich beschleunigenden Dynamik der Massenkommunikation beschäftigt. Die Einführung der Massenillustrierten in den 1920-30er Jahre, des Fernsehens in den 1960er Jahren und die Verbreitung der Computer seit Mitte der 1980er Jahre, die den Weg ins Internet und in die sozialen Netzwerke ebneten, hat im Verbund mit den aktuellen technologischen Entwicklungen der Bildgebungen die Verbreitung von Inhalten in ihrer Quantität und Qualität maßgeblich verändert.

Der Bildträger, der ein Speicher ist

Damit führt der Ursprung der Fotografie zur Camera Obscura, der Entdeckung der Zentralperspektive und dem Festhalten und Konservieren des Abbildes von Wirklichkeit auf einem Bildträger. Doch warum sollte der Bildträger, im wahrsten Sinne des Wortes, eine tragende Rolle bei den jetzigen Veränderungen spielen?

Die Übertragung des Lichtes durch eine Camera Obscura mit der Projektion eines Bildes auf einer Fläche, die Maler als Zeichenhilfe verwendeten, bis hin zur Erfindung der Fotografie, die es ermöglichte, Lichtspuren auf einem analogen Bildträger zu fixieren und haltbar zu machen, hat, wenn es nur um den technischen Vorgang des analogen Abbildens von Objekten geht, unterschiedlich hohe Grade an Authentizität. Die Realität so genau wie möglich abzubilden, wurde mit der Einführung der Zentralperspektive zunehmend angewendet, dies bezog sich nicht nur auf architektonische Realität, sondern zog auch die Abbildungen von Portraits nach sich. Alles im Bild sollte real wirken. So entstehen mit dem Beginn der Renaissance erste Portraitmalereien, die die abgebildeten Persönlichkeiten nahezu in fotografischer Weise authentisch abbildeten. So erklärte Albrecht Dürer (1471–1528): Die Portraitmalerei »behelt awch dy gestalt der menschen nach jrem absterben«. Dürer beschreibt hier, natürlich ohne es zu wissen, eine wesentliche Eigenschaft der Jahrhunderte später aufkommenden dokumentarischen Fotografie. So wünschte sich Leon Battista Alberti, der die Zentralperspektive in seinem Malerei-Traktat verwissenschaftlichte, dass das Bild der sichtbaren Schöpfung genau wiedergegeben werden sollte, damit die Seele des Betrachters berührt wird.[83] Weiter schrieb er in seinem Traktat, dass in der Portraitmalerei »die Verstorbenen nach vielen Jahrhunderten noch wie lebend erscheinen.«[84]

Wenn man den weiteren Verlauf der Kunstgeschichte unter dem Aspekt der Technikentwicklung und eines Dokumentarismus betrachtet, so fällt auf, dass diese sich mit der Geschichte der Fotografie vergleichen lassen könnte. Mit der zunehmenden Verbreitung der Zentralperspektive in der Renaissance wurde vermehrt Leinwand als Bildträger genutzt, die deutlich günstiger als die bis dahin verwendeten Holztafeln war. Und im Einsatz mit den neuen Staffeleien, die eine mobile Arbeit zuließen, begannen auch die Abbildungen von tatsächlichen Ereignissen zuzunehmen. Dass lässt sich mit der Erfindung kleinerer Kameras, wie der Ermanox und später der Kameras im Kleinbildformat, wie Leica in den 1920er Jahren vergleichen, mit denen es möglich wurde, situative Szenen festzuhalten. Der Bildreporter Erich Salomon (1886–1944) wurde mit seinen »besonderen Augenblicken« bekannt. Er fotografierte Ende der 1920er Jahre bis zur Machtübernahme der Nazis vorzugsweise unbeobachtet hinter den politischen Kulissen oder in Gerichtssälen. Salomon war einer der Ersten, die die Bildreportage in den Innenraum verlegt hatten.[85] Das folgende 35mm-Kleinbild-Format blieb noch 80 Jahre bis zum Ende der analogen Fotografie dominierend und selbst in der professionellen digitalen Fotografie haben die Sensoren bis heute überwiegend das KB-Format. Wahrscheinlich ließen sich unter dem Aspekt der Technikentwicklung auch die Trends der Ästhetik im weiteren Verlauf der Kunstgeschichte beschreiben. Ob im Spiel mit Licht und Schatten eines Rembrandt (1606–1669), der leichten aristokratischen Oberflächlichkeit im Rokoko, der Romantik eines William Turner (1775–1851) oder dem unglaublichen Realismus eines Gustave Caillebotte (1848–1894),[86] es befindet sich in der Malerei meist ein Bezug zu den jeweiligen technologischen Möglichkeiten und der entsprechend strukturierten Realität ihrer Zeit, wenn auch unterschiedlich realisiert, interpretiert oder idealisiert.

Die Zeichnungen der Naturforscherin und Künstlerin Maria Sibylla Merian (1647–1717)[87] oder des Forschungsreisenden Alexander von Humboldt (1769–1859)[88] kommen – aufgrund ihrer akribischen Detailgenauigkeit – einer dokumentarischen Fotografie recht nah. Bemerkenswert dokumentarisch im fotojournalistischen Sinne ist auch Ludwig Emil Grimm (1790–1863),[89] der Malerbruder von Jacob und Wilhelm Grimm. Im Ausstellungshaus Grimmwelt Kassel kann man die großartige Reportage mit dem Titel ***Kurze Lebensbeschreibung einer merkwürdigen und liebevollen Sau***[90] bestaunen. Die sogenannte »Schweinerolle« aus dem Jahr 1849 war nur 10,5 cm hoch aber immerhin acht Meter lang. In dieser Geschichte berichtet er aus dem abenteuerlichen Leben eines Schweins von der Geburt bis nach dem Verzehr. Ein Jahr später entstand das ***Reisetagebuch in Bildern***.[91] Dieses war schon 939 cm lang und beschrieb in Skizzen und mit kurzen BUs (Bildunterschriften) versehen, eine Reise mit seiner Familie durchs Land. In beiden Arbeiten sind alle Merkmale einer Reportage, bzw. Reisereportage enthalten. Allerdings authentischer als man sie in den heutigen Reisemagazinen Merian oder ADAC-Reisemagazin findet, weil sie von einem oberflächlichen werblichen Verwendungszweck unbeeinflusst ist. Auch wenn die Zeichnungen teils mit großem Humor entstanden sind, so könnte man sie auch als Vorläufer des Fotojournalismus sehen.

Wenn man die Arbeiten rückblickend betrachtet, wird deutlich, dass es ein großes Vertrauen in eine Authentizität von Bildern gab, die eingesammeltes und/oder interpretiertes Wissen speicherten. Der Grad einer Authentizität und das Vertrauen hängt neben dem Bildträger auch von den Fähigkeiten der abbildenden Künstler und Künstlerinnen, der Interpretation und dem Grad der Abweichung von der Darstellung der abzubildenden Objekte ab. Dennoch konnten die Zeichnerinnen und Zeichner, so genau sie auch waren, die Details nicht so originalgetreu wie eine Fotografie abbilden. Da wundert es nicht, dass es beständig Bemühungen gab, mit Hilfe neuer technischer Werkzeuge die Genauigkeit der Abbildung einer Wirklichkeit zu verbessern. Der englische Privatgelehrte und passionierte Zeichner Henry Fox Talbot (1800–1877) gewann während einer Italienreise im Jahre 1833 die Einsicht, dass es ein Vorteil sein könnte, wenn mittels lichtempfindlicher Schichten das Bild einer Camera Obscura festgehalten (fixiert) wird. Im Bericht über seine Versuche, die er der Royal Society im Januar 1839 einreichte hieß es: »Dem Reisenden in fremde Länder, der, wie es vielen zu gehen pflegt, nicht zeichnen kann, könnte diese kleine Erfindung recht nützlich sein, auch dem Künstler, wie geschickt er auch sein mag […]«[92]

So wird die Begeisterung verständlich, mit der die Bekanntmachung der Erfindung der Fotografie durch den Bühnenbildner und Hersteller von Dioramen Louis Daguerre (1787–1851) im Jahre 1839 gesehen wurde und man den Aspekt hervorhob, dass es nun möglich wird, die Welt mit einer bis dahin nie da gewesenen Präzision wiederzugeben: »[…] die Zartheit der Umrisse, die Reinheit der Formen … die Ausführlichkeit der allergeringsten Details, das alles findet sich in höchster Vollendung ausgedrückt.«[93]

Mit der Fotografie entstand eine wirklichkeitsnahe Abbildung analog zum abzubildenden Objekt. Nun ist es die Fotografie, der man den höchsten Grad an Authentizität in der visuellen Kommunikation zutrauen wird. Grimm und Humboldt erlebten noch zu ihren Lebzeiten den Aufstieg der Fotografie und ließen sich ablichten. Ihnen wird bewusst gewesen sein, dass Zeichnung und Malerei, wie sie von beiden praktiziert wurde, von der Fotografie eingeholt werden wird. Doch die Malerei ist nicht untergegangen, sie hat nur andere Wege gesucht. So haben sich innovative Maler mit den »Künstler-Ingenieuren« der Fotografie zusammengetan und sich gegenseitig unterstützt.

Der Einstieg in die moderne Malerei, wie wir sie heute kennen, nahm ihren Anfang mit dem Impressionismus. Das Werk ***Impression – Soleil levant*** von Claude Monet (1840–1926) gab der Bewegung ihren Namen. 1874 fand die erste Gruppenausstellung der Impressionisten, die eine Revolution der Malerei war, im Atelier des Pariser Fotografen Nadar (1820–1910) statt. Das Fotoatelier eröffnete er bereits 1854 als Seiteneinsteiger, konstruierte nebenbei ein Schraubenluftschiff bzw. eine bemannte Drohne und machte von der Schlacht von Solferino 1859 die erste Luftaufnahme der Geschichte. Aber für die Geschichte der dokumentarischen Fotografie wichtige Arbeiten waren seine wegweisenden Portraits der Persönlichkeiten seiner Zeit. Hier verstieß Nadar, ähnlich wie die Impressionisten, gegen alle bekannten Regeln des Mainstreams in der noch jungen Portrait-Fotografie. Nach der Ablösung der Malerei als dominierende Technik der visuellen Kommunikation wurde nun die Fotografie mit ihrer massenhaften Verbreitung als visueller Weltenöffner bestimmend und beeinflusste Wahrnehmung und Interpretation der Welt. Die Wege der Malerei und Fotografie trennten sich.

Die Fotografie wurde und war bis zur Einführung der digitalen Techniken im Alltag der Menschen ein unangefochtenes Medium, wenn es um einen möglichst authentischen oder ungeschminkten Blick auf andere Lebenswelten, Zeugenschaft oder Persönlichkeiten ging. Der Fotojournalismus oder die Dokumentarfotografie war die erweiterte Realität. Jetzt konnte man sehen, wie groß beispielsweise Bäume im Amazonas tatsächlich sind, oder wie blau das Wasser in der Blauen Grotte ist. Fotografie ist hier, wie ehemals die Malerei, ein Bilderspeicher der Natur, der Menschen und ihrer Geschichte im weitesten Sinne. Menschen werden in späteren Zeiten sehen wollen, wie der Planet vor einer stattgefundenen Klimaveränderung ausgesehen haben soll; die Zeichnungen einer Sibylla Merian werden nicht reichen, um diese Sehnsucht nach Bildern von der Natur der alten Erde zu stillen.

Eine Fortsetzung der Arbeit von Naturforscherinnen oder von Zeichnern, die Ereignisse, Reisen und Identitäten abgebildet haben, findet sich beispielsweise in der Fotografie von Edward S. Curtis (1868-1952), der über Jahrzehnte die untergehende Lebensweise und die Traditionen zahlreicher Indianerstämme in den USA dokumentierte, bei Karl Blossfeldt (1865-1932), der auf der Suche nach den ***Urformen der Kunst*** war oder August Sander (1876-1964) mit seinem Werk ***Menschen des 20. Jahrhunderts***. Sie sammeln akribisch Teile der Welt, die sie fasziniert.

Auch die Sozialfotografie durch Lewis W. Hine (1874-1940) und Jacob August Riis (1849-1914), wie zuvor beschrieben (S. 30), oder Dorothea Lange (1895-1965), die für die Farm Security Administration (F.S.A.) die Missstände auf dem Lande dokumentierte, sind Teil einer Wissensaneignung mit dem Ziel der Speicherung und Verbreitung dieses Wissens.

Auch die Arbeiten zeitgenössischer Fotografen, wie James Nachtwey der mit ***Inferno***, die Schrecken von Krieg und Gewalt über Jahre zusammenfasste oder Sebastião Salgado, der mit ***Genesis*** eine visuelle Bibel der Paradiese auf diesem Planeten festhielt, bevor sie durch die geologische Epoche des Anthropozäns und dem einhergehendem Klimawandel für immer verschwinden, sind mit einem enorm hohen Aufwand über viele Jahre entstanden.

Das wichtigste Jahr in der deutschen dokumentarischen Fotografie der Nachkriegszeit war 1959. Otto Steinert (1915-1978) begann hier seine Arbeit als Hochschullehrer für Fotografie an der Essener Folkwang-Schule. Steinert selbst war Mitglied der Arbeitsgemeinschaft freier Fotografen »Fotoform«. Obwohl er vorher unter dem Label ***SUBJEKTIVE FOTOGRAFIE*** ausstellte und bekannt wurde, legte er die Grundlage für die dokumentarische Fotografie der nächsten Jahrzehnte. Doch wie passen die Begriffe **subjektiv** und **dokumentarisch** zusammen, wenn man die Einordnung und Definition der dokumentarischen Fotografie seinerzeit heranzieht? Steinerts Kriterium des persönlichen Erlebens als Ausgangspunkt mag vage sein, so schrieb Petr Tausk 1980 in seiner Geschichte der Fotografie: »Die Bedeutung der Steinertschen Konzeption lag aber in der Betonung der persönlichen Interpretation der Wirklichkeit durch die subjektive Bildvorstellung, was emotionales Erleben als Quelle voraussetzt.«[94]

Schon die Motivwahl ist eine Anfangsstufe des Gestaltungsvorgangs.

So bildete Steinert die erste Generation dokumentarischer Fotografen aus, wie sie später auch an anderen Fotohochschulen ausgebildet wurden. Die Steinert-Schüler hat es, wie die Apostel, in alle Welt hinausgetragen und sie arbeiteten für die wichtigsten Magazine, wurden Kuratoren oder Lehrer an den neu entstehenden Fotohochschulen. Fotografen wie Heinrich Riebesehl (1938-2010) mit ***SITUATIONEN UND OBJEKTE***, André Gelpke, Rudi Meisel und Gerd Ludwig, die mit VISUM die erste deutsche Fotografenagentur gründeten, Dirk Reinartz (1947-2004) mit ***KEIN SCHÖNER LAND*** oder Adolf Clemens (1942-2021) mit ***KLUGE KÖPFE - PORTRAITS 1965-2005*** bewegten sich im Spannungsfeld zwischen Kunst und Journalismus, so wie viele der darauf folgenden jüngeren Generation.

In diesem unbeaufsichtigten Zwischenraum der Einordnungen von Fotografie bewegte sich auch der Kölner Chargesheimer mit dem Fotobuch ***MENSCHEN AM RHEIN.*** Mit dem beauftragten und immer noch eindrücklichstem Politikerportrait Konrad Adenauers, das 1957 als Aufmacher für den Spiegel als Titelgeschichte ***WAHR IST, WAS GEFÄLLT*** zum Wahlkampf erschien,[95] sorgte er für erhebliches Aufsehen. Wie hätten wohl die Portraits der Politiker der folgenden 20 Jahre ausgesehen, wenn sich die Redaktionen getraut hätten, Chargesheimer weiter zu beauftragen? Und wie hätten wohl seine Politikerportraits ausgesehen, wenn sie nur für den Kunstmarkt gedacht gewesen wären?

Ab den 1970er Jahren entwickelte sich ein weiterer wichtiger Zweig der Fotografie mit Bernd und Hilla Becher und ihren Studenten und Studentinnen, die die »Düsseldorfer Schule« begründeten und deren Arbeiten der Fotokunst zugeordnet sind. Doch wenn man die *sachlichen* Bildserien des Kölners Boris Becker (Bunker und Brücken), Bernd und Hilla Becher, (Wassertürme und Fachwerkhäuser) oder Candida Höfer (Bibliotheken und Theatersäle) betrachtet, so fällt auch hier auf, dass die Authentizität und Wissensspeicherung grundlegend für die Bedeutung dieser Arbeiten sind. Trotz ihrer Sachlichkeit deuten auch diese Arbeiten den Steinertschen Ausgangspunkt an: Eine emotionale Quelle. Und auch hier beginnt mit der Wahl des Motivs die Gestaltung.

Die Gestaltung bestimmt das Motiv.

Allen gemeinsam ist, dass sie ihre subjektive Sicht auf einem Bildträger fixierten. Wenn es einen Begriff gäbe, der die Gemeinsamkeit der Vorgenannten, losgelöst von gewohnten Einordnungen neu zusammenfasst, so wäre es der Begriff **Dokumentarismus**.

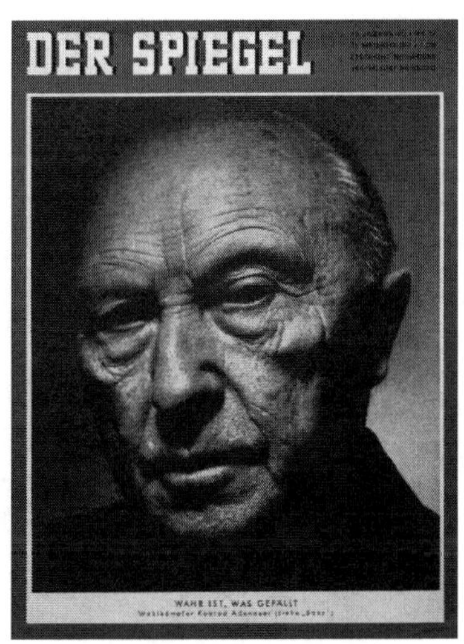

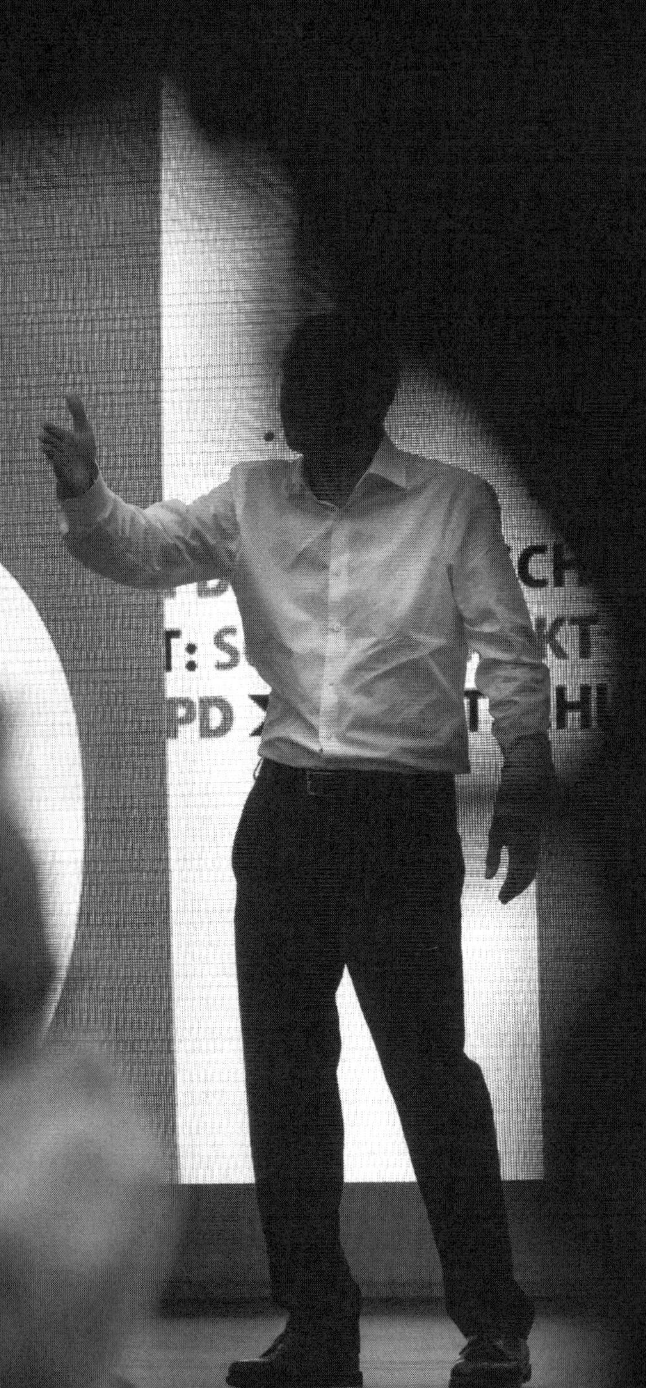

Bilder hinter den Bildern erweitern den dokumentarischen Raum

Der Begriff **Dokumentarismus** fiel mir vor 20 Jahren zum ersten Mal im Text ***Choreographie der Macht*** von Hans-Michael Koetzle auf, in dem er die Serie ***Wahl Kampf Ritual*** als **Kritischen Dokumentarismus**[96] bezeichnete.

Der Begriff des Dokumentarischen in der Fotografie hat viele Neuordnungen durchlebt - von Tendenzen einer Dekonstruktion von Wirklichkeit, der Infragestellung einer Authentizität der Fotografie, der subjektiven Fotografie bis hin zu den Inszenierungen einer Cindy Sherman oder eines Jeff Wall, die das Theater aus dem Saal holen und Lebenswirklichkeiten der Menschen in ihrem natürlichen Habitat nachbilden. Die Ansätze, in denen das Wesen der Fotografie umkreist wird, sind zahlreich und bis zur Gegensätzlichkeit unterschiedlich. Doch trotz der Subjektivität, der Infragestellung einer Authentizität oder eines konzeptuellen inszenierten Ansatzes der Bildgebung sind die Arbeiten in ihrem Wesen dokumentarisch. Denn das Abgebildete ist gewesen. Die abgebildeten Personen in Walls Bilder waren als Subjekte, unabhängig von ihrer Inszenierung oder einer Interpretation von Wahrheit und Wirklichkeit, tatsächlich vor Ort. Dieser Gedanke bietet Raum für eine ungewohnte Weise der Betrachtung des Abgebildeten.

So kann auch zu einem Dokument werden, was sich hinter den Gewohnheiten der vorherrschenden Bilder verbirgt. Es ist neben dem Entdecken, Registrieren, Nachweisen, Beweisen und Bezeugen auch eine Entfaltung einer schon längst bebilderten Welt. Aufgrund der Eigenschaft des analogen, bzw. analog-tradierten Bildträgers öffnet sich hier ein Raum einer Authentizität für nachfolgende Generationen. Damit unterscheidet sich die Inszenierung einer Wirklichkeit von Wall, Sherman oder den Politikern im Wahlkampf grundlegend von einer KI simulierten Abbildung einer Wirklichkeit. Die Bilder hinter den Bildern erweitern den dokumentarischen Raum.

Wahl Kampf Ritual, Olaf Scholz im Bundestagswahlkampf, Köln, 24.9.2021, Fotografie, analog-tradiert 2021

Die Evolution der Archive und die begrifflichen Einordnungen der Archivalien geben im Laufe der Jahrhunderte ein Bild davon ab, wie sich diese je nach kulturell-technologischer Wissensentwicklung und Welterweiterungen wandeln. Die zunehmende Veränderung einer Definition von **Dokumentarfotografie** führt in kontinuierliche Neuordnungen von Autoren und Bereichen. Die Entwicklung verläuft parallel mit der Digitalisierung und dem damit einhergehendem Verschwinden der Wahrnehmung einer Authentizität in der Fotografie. Gleichzeitig steigt das Bedürfnis nach einer Authentizität, je weniger davon übrigbleibt.

Mir scheint: Trotz größter Subjektivität haben Malerei und Fotografie ein dokumentarisches Wesen.

Vorläufer der Dichografie

Ab welchem Punkt während der Konstruktion eines Bildes geht eine Authentizität der Fotografie verloren? Die unverschobenen Lichtbilder eines August Sander, Chargesheimer, Dirk Reinartz, Gary Winogrand (1928–1984) oder die Inszenierungen eines Jeff Wall können eindeutig einer Fotografie als Zeitkapsel zugeordnet werden. So sehr sich Wall bemüht, die Abgebildeten bleiben dennoch Teil einer vergangenen Wirklichkeit. Ebenso lassen sich digitale Fotografien, die aus einem analog-tradierten Bewusstsein entstanden, als Zeitkapsel einordnen, solange noch nachweisbar ist, dass die Lichtspuren nicht verschoben wurden. Auch die Fotocollagen eines John Heartfield (1891–1968) lassen noch eindeutig Fotografie erkennen, da alle Bildelemente analog sind und für sich genommen Spuren von abgebildeter Wirklichkeit zeigen. Dennoch könnte man die *händisch* erstellten Collagen und die inszenierten *Realitäten*, die ich hier eher als Kompositionen sehe, fast schon als Vorläufer der Dichografie begreifen.

Aber wie verhält es sich mit den Arbeiten von Andreas Gursky, die anfangs analog festgehalten, aber nach dem Scan durch das digitale Hinzufügen/Wegnehmen von Elementen die abgebildeten Szenerien in der Fotografie überhöht und verdichtet wurden? Hier gäbe es vielleicht noch analoge Artefakte, die auf eine gewesene Wirklichkeit hinweisen können. Diese lassen sich aber kaum noch rekonstruieren. Da es sich aber, wie es scheint, um eine Verdichtung von Szenerien handelt, ist noch eine gewissen Nähe zur Fotografie vorhanden. Es ist zwar noch keine Imitation von Fotografie, kommt aber dem Gedanken einer Historienmalerei recht nah.

Die Arbeiten von Loretta Lux kommen den Computer-generierten Dichografien schon sehr nah: Fotografien dienen ihr als Grundlage, werden bearbeitet und mit Malerei verfremdet. Die größte Nähe zu KI-generierten Bildern weisen die Arbeiten von Nancy Burson auf. In ihrer wunderbaren Arbeit ***Composites – Computer Generated Portraits***[97] hat sie von 1978 bis 1984 eine ganze Serie von Portraits geschaffen, in denen Gesichter verschiedener Personen in einem Portrait zusammengeführt werden und in gewisser Weise eine tiefere Einsicht in einen Typus von Menschen aufzeigt. Da verschmilzt sie beispielsweise Bildnisse von »Charlie Chaplin, W.C. Fields und Buster Keaton zu einem Portrait mit dem Titel ›The Comedians‹«. Weitere Beispiele sind ***Big Brother*** (1983) mit Stalin, Mussolini, Mao, Hitler und Khomeini oder sie führte unter dem Begriff **Computer-Altered Image** unterschiedliche Experimente durch.

Man könnte zeitlich sogar noch weiter zurückgehen: Francis Calton hatte ca. 1878 ähnlich anmutende Fotografien (wahrscheinlich durch Mehrfachbelichtungen) erstellt und jeweils die Frauen und die Männer einer Familie mit dem Titel ***Composite of the Members of Family***[98] in einem Portrait zusammengefasst.

Es ist nie gewesen

Die Fixierung und Haltbarmachung in der analogen und analog-tradierten Fotografie ist ähnlich der Fixierung der Hohlräume durch Gipsabdrücke in denen menschliche Opfer der pyroklastischen Katastrophe Pompejis sichtbar werden. Mit dem Unterschied, dass der Fotograf oder die Fotografin den Ort, Blick und Zeitpunkt des *Vulkanausbruches* bestimmt.

Floris M. Neusüss (1937–2020) kommt mit seinen lebensgroßen Fotogrammen ***Nudogramme*** dem *Vulkanischen* wohl am Nächsten. Obwohl seine Arbeiten der **Experimentellen Fotografie** zugeordnet sind, würde ich sie eher als **Magischen Dokumentarismus** sehen. Die Verbindungen von Fotopapier und dem Abgebildeten wirken wie die rund 9000 Jahre alten Handabdrücke in der Höhle Cueva de las Manos im Südwesten Argentiniens. Doch statt Licht verwendeten die damaligen Autoren Pigmente mit denen sie die Umrisse ihrer Hände als Negativ festhielten. Man könnte sagen: Eine Fotografie ist ein – zum Zeitpunkt eines Vulkanausbruches – fixierter Hohlraum eines vergänglichen Objektes. Das gibt es in der KI-Generierung der Bilder nicht. Selbst wenn man alle *Gipsabdrücke* zusammennimmt und per Berechnung noch genauer und detaillierter einen neuen, spezifisch aussehenden Hohlraum nachbilden würde, so imitiert die KI nur einen Abdruck, ohne dass der Nachweis erbracht wäre, dass es diesen tatsächlich in dieser Form gegeben hätte oder er nicht zwischenzeitlich verändert wurde. Der KI-generierte Hohlraum existierte nur im Zeitraum seiner virtuellen Entstehung zwischen Befehl und Ausführung. In diesem Zeitraum ist nicht beeinflussbar, welche der zigtausenden Varianten, die gleichzeitig im Rauschen vorhanden sind, bildlich werden. Man kann hier von der Geburt eines Lebewesens sprechen, dessen genetische Ausprägung eintrainiert wurde und nach wenigen Sekunden schon wieder am Ende seiner Existenz angelangt ist. Dem

Olaf Scholz im Bundestagswahlkampf 2025,
Dichografie, ki/mi-generiert 2023

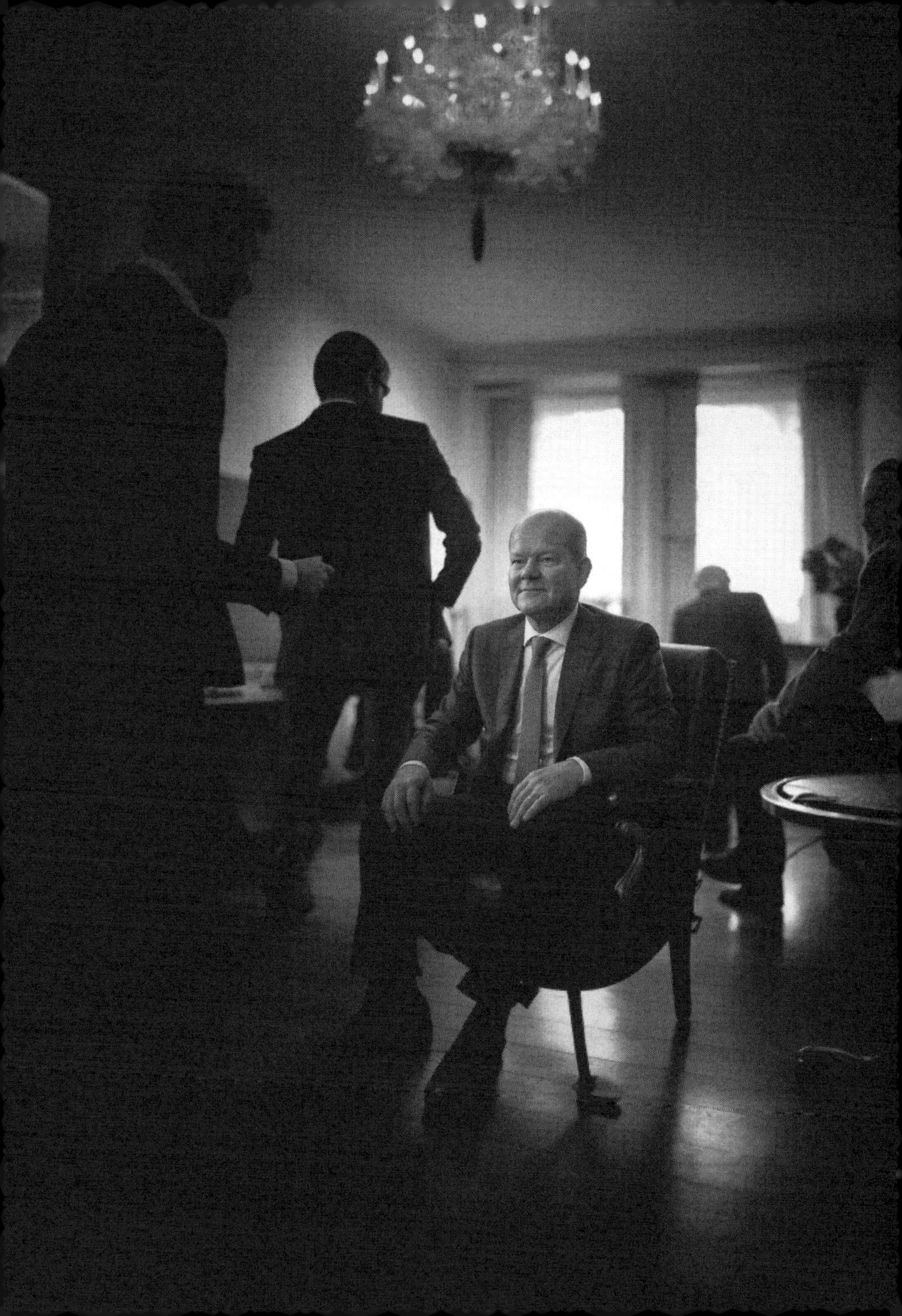

durch die KI entstehenden Hohlraum fehlt die Bewegung, die in einem realen Raum während eines Zeitraums durchlebt wird.

Zeit ist irreversibel. Man kann in ihr nicht zurückgehen. Am Ende einer Dauer ist das Geschehene in dieser Zeit nur noch durch Erinnerung rekonstruierbar. Bewegung im Raum ist reversibel. Man kann den Raum von A nach B und wieder von B nach A durchschreiten.[99] Somit fehlt dem durch die KI erzeugten scheinbar Abgebildetem, so sehr man es darin sieht, gewohnt ist zu sehen, sehen zu wollen und es zu vermuten, eine Historie, die seine Existenz begründen oder belegen würde. Der künstlich generierte Hohlraum entsteht gleichzeitig aus Allem und Nichts; es gibt kein davor und kein danach. Er ist irreversibel. Er ist nicht rückführbar. Er ist einzigartig. Es ist nie gewesen.

Und hier komme ich wieder zur These (S. 24–35) meiner Studienarbeit von 1988 zurück und moduliere sie nun ein wenig:

> ***D***ie Übertragung eines reflektierten oder gestrahlten Lichtes auf einen analogen Bildträger (z. B. ein Negativ) bewirkt bei der Wahrnehmung des Abbildes die Annahme eines hohen Grades an Authentizität. Diese Wahrnehmung und damit auch letztlich die Bildfindung verändert sich wesentlich, wenn das reflektierte oder gestrahlte Licht eines abzubildenden Objektes oder einer Szenerie über einen digitalen Bildsensor auf einem Bildträger als binäre Informationen dekonstruiert abgespeichert wird und um als Bild wieder sichtbar zu werden, neu konstruiert werden muss.

Mit dieser Modulation findet sich nun auch die Generierung eines Bildes durch künstliche Intelligenz innerhalb dieser These wieder. Denn es ist vorerst irrelevant, wer oder was das Konstrukt der binären Informationen wiederherstellt, was die Quelle war, wie es aussehen wird und ob es überhaupt konstruiert werden wird oder muss. Die bisherige Eigenschaft eines Bildträgers, den Nachweis einer Authentizität sichtbar vorzuhalten, ist bei einem digitalen Bildträger – aufgrund eines fehlenden dafür notwendigen menschlichen Sinnesorganes – nicht mehr vorhanden. Denn das vermutete oder deklarierte Abgebildete auf dem Bildträger ist ohne technologische Hilfsmittel nicht wahrnehmbar. Die technologische Erweiterung durch KI-generierte Bildgebung hat eine Qualität erreicht, mit der nicht nur dokumentarische Fotografie oder historische Fotografien perfekt imitiert werden können, sondern alle Genres der Fotografie.

Wenn sich aber die mechanischen bzw. technologischen Mittel zur Herstellung und Fixierung einer Fotografie verändert haben und dadurch das darin begründete abhängig-verbundene Vertrauen in eine Authentizität verloren geht, was bleibt dann noch übrig vom Kern oder dem Ursprung der Fotografie? Und was könnte an dessen Stelle treten?

Was ist eine Dichografie?

Der Begriff **Dichografie** (aus altgriechisch dícha, »zweifach, doppelt«) verweist auf die binäre Bildspeicherung und auf ein Parallel-Universum der Bilder. Dichografie ist eine Imitation von Fotografie. Mit Hilfe digitaler Techniken werden fotografische Elemente verschoben, ausgetauscht, hinzugefügt, neu zusammengestellt und/oder KI-generiert.

Das Wesentliche einer Dichografie ist, dass die einstmals festgehaltenen Lichtspuren einer realen Szenerie verschoben sind oder nie vorhanden waren und damit die (nunmehr ehemalige) Fotografie ihre Eigenschaft als Zeitkapsel verliert. Gleichzeitig wird eine dokumentarisch, fotojournalistisch, künstlerisch oder historisch Imitation einer Fotografie konstruiert, die einen hohen Grad an Authentizität simuliert. In fiktiven und dokumentarischen Filmproduktionen sind diese Möglichkeiten nichts Neues. Aber im journalistisch-dokumentarisch-nachrichtlichen Bereich, der für Demokratien wesentlich ist, ergibt sich eine grundlegend neue Situation. Neue Technologien der KI und der Bildbearbeitung, die günstig und einfach zugänglich sind, machen die Produktion und Verbreitung von Dichografien massenhaft möglich. Die Bilder der neuen Technik drängen sich in die eigene Wahrnehmung und breiten sich aus, ohne dass man es verhindern kann. Die Wahrnehmung von Fotografien als Zeitkapsel verändert sich. Der Medienwissenschaftler Marshall McLuhan befand, dass der Fokus der Analyse nicht auf den Inhalt des neuen Mediums gelegt werden sollte, sondern auf das Medium selbst. »Die Auswirkungen der Technik [...] verlagern das Schwergewicht in unserer Sinnesorganisation oder die Gesetzmäßigkeiten unserer Wahrnehmung ständig und widerstandslos.«[100]

> **O**der anders gesagt: Die Relationen in der Wahrnehmung von Realität, abgebildeter Realität und den neu hinzu gekommenen Imitaten einer KI-generierten Realität verschieben sich. Für die menschlichen Sinne verschwimmen zunehmend die Grenzen.

Die Herkunft oder Quelle einer Abbildung wird zukünftig zu einem wesentlichen Faktor bei der Bestimmung ihrer Authentizität. In der Bildserie ***Europawahl 2019*** (S. 64) wurde bereits deutlich, dass schon die Computer-generierten Kompositionen eher einer Imitation von Fotografie ähneln, die man mit den Täuschungsfähigkeiten eines Schuppenkriechtieres, dem Chamäleon, vergleichen könnte, das die Struktur einer Holzrinde nachahmt, auf der es sitzt. Daraus kann nur folgen, dass es für diese Form der Bildgebung einer Imitation oder Simulation einen eigenen Begriff geben muss, um eine klare Unterscheidung zur Fotografie herzustellen. Denn: Wie sonst würde man eine Holzrinde von einer Holzrinde unterscheiden können, wenn die mit den eigenen Sinnesorganen wahrgenommene Realität nicht im Vorfeld schon kategorisiert wäre, um das vor sich Sichtbare entsprechend differenzieren zu können? So brachte ich im vorherigen Essay (S. 38–57) für die mimetischen Bilder verschiedene Begriffe ins Spiel wie Synthesien, Synthesist, Digigrafie, Digigraf, Binatypie, Binatypist, Dichograf, Dichotypien, Bitsografien, Bitsograf, Bitarygraphy, Bling Bling, Dichography und Dichografie.

Übrig blieb der Begriff Dichografie. Warum? Es gab ihn noch nicht. Er hat einen Bezug zu den Neuen Bildern und bei Google wird statt Dichografie nur Diskografie angezeigt. Das bedeutet: Der Begriff ist ein noch leeres Gefäß, dass unbeschwert gefüllt werden kann.

Es tauchten noch andere Begriffe wie **Synthografie** oder **Promptography** auf. Letzterer wurde seit 2017 von der Gamer-Szene genutzt. Auch eine Gruppe von Hochzeits- und Amateurfotografen nutzt den Begriff und bezeichnet mit Promptography eine Art des Fotografierens, mit der durch speziell formulierte Handlungsanweisungen an die Amateurmodelle, diese vor der Kamera natürlich wirken. Erstmalig im Kontext von KI und Fotografie wurde der Begriff Promptography wahrscheinlich vom Fotografen Jochen Hirschfeld im September 2022 genannt.[101] Dieser Begriff wird zunehmend im Bereich der Workshops und Video-Tutorials verwendet und reiht wie selbstverständlich die neue Bildgebung in die bisherigen Werkzeuge und technischen Verfahren der Fotografie ein, wie z. B. »Welche Filter nutze ich«, »Besser blitzen«, »Perfekte Belichtung«, »Prompte richtig« oder »Was bedeuten die Zahlen auf dem Display«. Für den Markt der Tutorials ist der Begriff perfekt. Auf Amazon wird inzwischen schon eine unüberschaubare Menge an E-Books für die KI-Generierung angeboten: »The book of Prompts – Ultimate Handbook«, »Midjourney Mastery, »Adventure of AI Work – Mycological Marvels«, »Mastery Prompt«, »The Art of Prompt«, »Midjourney Cats«, »The Flesh of Machina«, »The Storyteller`s Guide«, »Midjourney Bible – Make Art in Seconds«, »The Book of Prompts«, »The Cyber Lord«, »AI Ethics«, »AI´s Intentions for Humanity«, »Prompt Engineering«, »Superpower Prompting«. Sie alle nähren aber die Illusion, dass es sich nur um eine Erweiterung der bisherigen Bildgebung handelt und die Arbeit, wenn man sich gut genug mit den Texteingaben auskennt, wie gewohnt weitergehen kann. Doch, das ist ein Irrtum.

Interessanter wird der Begriff **Prompt**, wenn man ihn von der rechtlichen Seite betrachtet. Denn KI-generierte Bilder sind zum jetzigen Zeitpunkt urheberrechtlich nicht geschützt und können vermutlich frei verwendet werden. Ein Rechtsstreit in den USA bestätigte, dass ein KI-generiertes Bild »durch einen Computeralgorithmus selbstständig geschaffen wurde. Ein US-Urheberrecht erfordere jedoch stets eine schöpferische menschliche Leistung […]«. Da das Bild keine eigenschöpferische Leistung ist, sondern nur durch die sprachliche Anweisung an eine KI entstanden ist, könnte hier eine neue Berufsgruppe der Prompt-Ingenieure oder KI-Interpreter entstehen, die wiederum ihre Prompts als Berufsgrundlage urheberrechtlich schützen lassen könnte.[102] Je detaillierter, desto mehr entspricht das Bild der Vorstellung der vorgeschalteten MI (Menschliche Intelligenz).

Ursprünglich hatte ich die Begriffsbestimmung nur auf die Imitation dokumentarischer Fotografie bezogen. Doch durch die rasante Weiterentwicklung der KI-Technologie ist eine ungeheure Vielfalt und Menge an Bildern produziert worden, die weit über das Dokumentarische und Fotografische hinausgeht und sichtbar alle künstlerischen Medien betrifft. So stellte sich die Frage: Kann das Feld der Dichografie erweitert werden? Was könnte alles mit diesem Begriff umfasst werden?

Aber was macht eigentlich eine KI?

Im ersten Buch Mose steht gleich zu Beginn: »Im Anfang erschuf Gott Himmel und Erde. Die Erde war aber wüst und wirr und Finsternis lag über der Urflut, […]«. Weiter heißt es »Und Gott sprach: Es werde Licht! Und es wurde Licht.« (Gen 1, 1–3).[103] Der Blick auf den Schöpfungsmythos im Alten und Neuen Testament lohnt sich, denn es ist eine wunderbare Metapher für den Entstehungsprozess einer KI-generierten Bild-Schöpfung. Es überrascht, wie sehr sich die Vorstellung der Genesis, von der Entstehung der Erde aus einer wüsten und wirren Urflut, mit der Generierung eines Bildes durch KI-Generatoren vergleichen lässt, die aus einem öden und wirren Rauschen neues Leben erschafft. Wenn es vor tausenden Jahren schon Computer gegeben hätte, die per KI-Generierung »Erde und Himmel« hätten erschaffen können, so ließe sich das Neue Testament mit einer Gebrauchsanleitung vergleichen, in der Johannes aus dem Solution-Team für den ersten Arbeitsschritt folgende Worte hinterließ: »Im Anfang war das Wort, und das Wort war bei Gott, und das Wort war Gott.«. Mit der Eingabe eines oder mehrerer Wörter für die Generierung eines Bildes und nach der recht knappen Selbstbeschreibung des Entwicklerteams, heißt es weiter: »Alles wurde durch dasselbe, und ohne dasselbe wurde auch nicht eins, das geworden ist.« (Joh 1,1–3). Hier würde ich vermuten, dass für ein Training der Mustererkennung alles Seiende einbezogen sein muss, um Seiendes zu erschaffen.

Gott musste ein Werkzeug gehabt haben, als er die Erde erschuf.

Aber was genau machen eigentlich KI-Bildgeneratoren wie beispielsweise Dall-E, Stable Diffusion oder Midjourney? Aus welcher Urflut schöpfen sie die Bilder? Die vorgenannten Bildgeneratoren werden, bevor sie überhaupt in der Lage sind, Bilder zu erschaffen, zur Vorbereitung mit Milliarden Bildern und Bildelementen und ihren dazugehörigen Textbeschreibungen trainiert. Die KI-Programme untersuchen die Beziehung und Ähnlichkeiten zwischen jedem Bild und seiner Beschreibung »und erstellen ein Modell, das in der Lage ist, Wörter mit Bildern zu assoziieren.«[104] Durch das Training der KI mit Assoziationen und Mustererkennung wird eine Urflut gebildet, die »wüst und wirr« und von Finsternis umgeben ist. Am Anfang steht eine mit Pixeln rauschende Fläche, die auf eine sprachliche Anweisung bzw. Prompt vollständig und ohne weitere menschliche Handlung ein neues Bild generiert. Oder anders gesagt, im Anfang steht das Wort und die Künstliche Intelligenz komponiert ein Bild. Und nachdem die, durch das Wort entstandene, in ihrer Form unerwartete Schöpfung betrachtet wird, kann entschieden werden, ob das Bild so bleiben kann oder ob es an weiteren Arbeitstagen verbessert werden soll.

Konkret bedeutet es, dass eine KI die sprachliche Anweisung »Lady Di steht vor Kölner Dom und lächelt« als Orientierung verwendet, um das Rauschen zu entfernen. Bei Midjourney lässt sich dieser Prozess in Schritten beobachten, wie langsam das Bild entsteht. Es ähnelt der Arbeit in der Dunkelkammer, wenn in der Entwicklerschale auf dem zuvor belichteten Fotopapier das Abgebildete langsam sichtbar wird. Das ist ein durchaus magischer Moment, wenn aus dem Nichts auf dem Fotopaier eine vergangene Realität auftaucht. Im *Entwicklungsprozess* der KI beginnen die Bilder in einer abstrakt-künstlerischen Weise sichtbar zu werden, ähnlich wie das unscharfe Bild ***Grosse Pyramide*** (Öl auf Leinwand, 198×246 cm, 1966) von Gerhard Richter, um dann in ihrer Form und Gestalt mit jedem Schritt konkreter zu werden. Der Unterschied zum Entwicklungsprozess einer Fotografie ist nur, dass das in Entstehung befindliche und letztlich Sichtbare völlig ungewiss ist. Es ist eine Fiktion. Dieses zum eingegebenen Text passende Bild ist einzigartig und lässt sich trotz gleicher Anweisung – nicht wie die Vergrößerung eines Negativs – replizieren. Das Bild wird immer anders aussehen. Es ist ein Unikat.

Man kann eigene Bilder, bzw. Rohstoffe hochladen, das Bild verarbeiten, selbst verfeinern, verfeinern lassen und diese zwischen den Generatoren zur Weiterverarbeitung hin- und herschieben, so entstehen Bildwelten, die den eigenen näher liegen als die der KI. Die Bildentstehung unterscheidet sich im Prinzip nicht von den einfa-

Aus der Urflut entsteht langsam Lady Di,
Dichografie, unvollständig ki-generiert, 2023

chen Mitteln einer MI (Mensch), wie John Heartfield, der seine Bilder mit einer Schere roh zusammenzimmerte und collagierte, eines Jeff Wall, der reale Subjekte anordnet, eines feinen Andreas Gursky, der seine Bilder am Computer verdichtet, Nancy Burson und Francis Calton, die Portraits arrondierten, oder vieler anderer Künstler, die Bildelemente verschieben, hinzufügen oder komplett neu zusammenfügen. Es spielt keine Rolle, ob nur drei oder zigmillionen Elemente gebraucht werden, um ein neues Bild zu konstruieren oder zu komponieren. Deshalb ist das Ergebnis einer KI eher die Perfektionierung einer Entwicklung, wie sie in vielen Facetten und Varianten schon vorgedacht und probiert wurde. Erst durch die Digitalisierung, die Bereitstellung der entsprechenden Werkzeuge und deren enorme Vereinfachung ist es nun massenhaft möglich, komplexe und fiktive fotografisch anmutende Bildwelten zu schaffen.

Die Ergebnisse der KI sind Bilder bzw. Dichografien, die dokumentarisch und real wirken. Es können historisch anmutende Bilder sein, die nicht erkennbar, nie jemals existierend Gewesenes zeigen, oder Historie verändern, die mit historischen Unwahrheiten durchsetzt sind oder Historisches zeitlich anders einordnen. Sie zeigen futuristische Welten aus der Vergangenheit oder zukünftige Welten, wie sie jetzt vermutet würden, ebenso reine Fantasiewelten und -wesen. Sie imitiert inszenierte Fotografie, zeitgenössische Autorenfotografie, Reportage-, Reise- und Portraitfotografie, Studio-, Food- und Architekturaufnahmen. Im Diskurs der Fotoszene wird gerne übersehen, dass mit den Bildgeneratoren der KI sich aber ebenso Malereien oder Zeichnungen im Stile aller Künstler aus allen Epochen und jedem Genre produzieren und mischen lassen. Mit 3D-Druckern werden auch durch KI erzeugte Skulpturen in unendlicher Vielfalt machbar sein. Selbst die Oberflächen eines Gemäldes inklusive des Farbauftrages könnten sich eines nicht fernen Tages über 3D-Druck nachbilden lassen.

Die Veränderung der Beziehung zur Bildwelt, die auf einen Epochenwandel hindeutet, hat mit der Einführung der digitalen

Fotografie und mit ihrer technologischen Erweiterung einer massentauglichen Einführung von KI-generierten Bildern einen Höhepunkt erreicht, auf dem nicht nur dokumentarische Fotografie, Fotojournalismus oder historische Fotografien perfekt imitiert werden können, sondern ausnahmslos alle Genres der Bildgebung, die es je gab, gibt und noch gegeben hätte.

> **D**ichografien, die Bilder einer neuen Welt, sind ein Zusammenführen aller Bildgebungstechniken der Kunstgeschichte, die von allen Menschen ohne besondere Fachkenntnisse in den nächsten Jahren milliardenfach kostengünstig produziert werden können. Die vielen existierenden Techniken und Arbeitsprozesse, die im Laufe von Jahrtausenden in der Bildproduktion entstanden, können nun aus einem einzigen Werkzeug heraus generiert werden. Das ist revolutionär.

Man kann annehmen: Die Möglichkeiten sind unendlich. Unter dem Aspekt der Mechanismen der Aufmerksamkeitsökonomie und ihrer Dynamik wird die Bildproduktion inflationär sein. Wie schon 2019 durch Tom Van de Weghe vorhergesagt, entsteht hier ein Milliardenmarkt, der ebenso viele Bilder erzeugt.

Die von Günter Anders 1980 beschriebene Bilderflut bekommt eine gänzlich andere Wendung, wenn man sie sich als eine Flut von Dichografien vorstellt: »[…], weil wir von Bildern vielmehr umstellt, weil wir einem Dauerregen von Bildern ausgesetzt sind. Früher hatte es Bilder in der Welt gegeben, heute gibt es ›die Welt als Bild‹, richtiger: die Welt als Bild, als Bilderwand, die den Blick pausenlos fängt, pausenlos besetzt, die Welt pausenlos abdeckt.«[105]

Was bedeutet das für die dokumentarische Fotografie?

Man kann davon ausgehen, dass die sinnbildliche Frage »Wer war Mona Lisa wirklich?« auch in Zukunft noch eine Rolle spielen wird. Denn die Faszination, dass ein Mensch aus der Vergangenheit in die eigene Gegenwart rückt und man seine Nähe erspüren kann, ist nur mit einem gewissen Grad an Authentizität möglich. Diese Faszination wurde mir vor ein paar Jahren in der Ausstellung ***Inside Rembrandt*** im Kölner Wallraf-Richartz-Museum noch einmal deutlich. Wenn man die von Rembrandt van Rijn (1606–1669) gemalten Portraits seiner Auftraggeber aus dem Blickwinkel einer kunstgeschichtlichen Betrachtung herauslöst und in eine direkte Begegnung mit der abgebildeten Person geht, beginnt sich eine persönliche Beziehung, wenn auch einseitig, herzustellen. Rembrandt war von der Magie des besonderen Augenblicks, bzw. von dem einen Moment der Begegnung fasziniert. Dieses Festhalten eines Momentes, gerade auch in seiner alltäglichen Banalität, wird besonders im Gemälde ***Portrait eines Mannes, der sich vom Stuhl erhebt***[106] von 1633 deutlich. Das Bild wirkt wie eine Fotografie, in der das Modell, im Verlaufe der alltäglichen Bewegung, von einem Stuhl aufzustehen, für einen Moment innehalten soll. Der Mann folgt der Aufforderung des Künstlers mit einem leicht belustigten Blick und der gleichzeitig ungläubigen Frage: Wozu soll das gut sein? Für die damaligen Zeitgenossen muss das sehr befremdlich gewesen sein. Hier wird deutlich, wie sehr Rembrandt sich mit der Entdeckung von Realität im Momenthaften beschäftigt hatte, um einem authentischen Abbild näher zu kommen. Das findet sich in vielen seiner Bilder und ist, neben dem Innehalten in einer Bewegung, meist in Gesichtszügen sichtbar, wo kleinste Muskelbewegungen das innere Seelenbefinden offenlegen oder die Beziehung zwischen Maler und Modell thematisieren.

Es ist eine ähnliche Art einer emotionalen Betrachtung von Bildern, die Barthes der Fotografie mit »Es-ist-so-gewesen« zugeschrieben hat. Vielleicht ist das Wesen der Malerei dem der Fotografie näher als gedacht. Der Gedanke, dass das Bild oder eine Fotografie einer vergangenen Realität verhaftet ist, macht es zu einem auratischen Werk.

So wie die Malerei mit der Erfindung der Fotografie nicht untergegangen ist, so wird auch mit der Einführung der KI-generierten Bilder die Fotografie einen eigenen Weg gehen. Was sich als Verlust darstellt, entpuppt sich als Gewinn für die analoge und analogtradierte dokumentarische Fotografie. Fotografie wird viel stärker als Rohmaterial gesehen werden, denn auch in Zukunft wird eine KI umfangreich trainiert werden müssen. Dafür wird es Fotografinnen oder Fotografen geben müssen, die das Material zuliefern. Denn es ist nicht selbstverständlich, dass Fotografien in Zukunft noch in dieser Vielfalt wie heute produziert werden? Aber der wichtigste Aspekt ist, dass der hohe Grad der Authentizität (der nicht verschobenen Lichtspuren) der Fotografie wieder grundlegend in den Vordergrund treten wird. Es wird deutlicher wahrgenommen, dass die Fotografie ein Medium ihrer Epoche und eine originäre Art der Bildgebung ihrer Zeit war. Fotografien sind Artefakte einer vergangenen Wirklichkeit, die durch ihre reale greifbare Existenz das Gewesene nachweisbar machen. Darin liegt ihre Stärke.

Doch auf welche Bereiche wird sich die dokumentarische Fotografie fokussieren? Wenn Prinzessin Diana und Prinz Charles gar nicht mehr zum Ort des Geschehens reisen müssen, wie werden sich die Ereignisse verändern? Die Visualisierung der politischen Ereignisträger, die zuvor immer wieder bei jedem Event gezeigt wurden, wird durch eine andere Kultur der Ereignissetzung ersetzt, zumal dies auch umweltfreundlicher ist.

In meinem Arbeitsbuch fand ich einen Eintrag vom Juli 1986, der sich mit verborgenen Bildern hinter den Gewohnheiten des Fotojournalismus beschäftigte: »Projekt Politiker – Bundestagswahl 1987. Versuch, der Wirklichkeit auf die Spur zu kommen. Diskrepanz zwischen der Wirklichkeit und ihrer Abbildung und deren Verbreitung in der Öffentlichkeit unter Einbeziehung ihrer Funktion.« Weiter notierte ich: In den Printmedien sind Politikerbilder

»auf ein Höchstmaß an Wiedererkennbarkeit ausgewählt; d. h. im Laufe einer Politikerkarriere reduziert sich die Vielfalt der äußeren Erscheinung auf leicht wiedererkennbare Gesichtszüge. Die Reduktion findet im Medium statt. Formale Einbeziehung in Raum und Funktion erzeugen ein idealisiertes Bildnis eines Menschen/Politikers.« Daraus entstand die Arbeit ***Wahl Kampf Ritual*** in der die Rituale der Kundgebungen aus bisher zehn Bundestagswahlkämpfen von 1987 bis 2021 zusammengefasst sind. Die Fotografien der Serie zeigen aufgrund ihrer formalen Kontinuität nicht nur die Veränderungen politischer Eigenheiten und Werte in diesem Bühnenraum politischer Ereignisse, sondern zeigen auch die Subjektivität des Abbildenden in seiner Realität, wie auch immer diese vom Rezipienten gesehen oder interpretiert werden. Abgesehen von einem Interesse an politischen Ereignissen, das geeignet ist, Bilder hinter den Bildern zu entdecken, entsteht mit der vorhergehend beschriebenen Erweiterung des Raumes dokumentarischer Fotografie ein weitaus größeres Themenfeld.

Der Wert dokumentarischer Fotografie liegt in der Wissensaneignung, Wissensspeicherung und im Erkenntniszuwachs.

Im Kampf der Bilder werden Dichografien zunehmend größere Aufmerksamkeit auf sich ziehen. Ein Teil der Fotografen wird versuchen, sich der KI-generierten Ästhetik anzupassen, unauffällig selbst KI-Bearbeitungen einbauen oder sich dem entgegenstellen. Aber auch die KI wird sich einer sich verändernden Ästhetik der Fotografie wieder anpassen. Mir scheint, über das Erspüren und Dokumentieren von Authentizität kann sich die Fotografie von den zukünftigen Dichografien abheben. Hier wären wir dann wieder bei Steinert, der emotionales Erleben als Quelle für eine persönliche Inter-

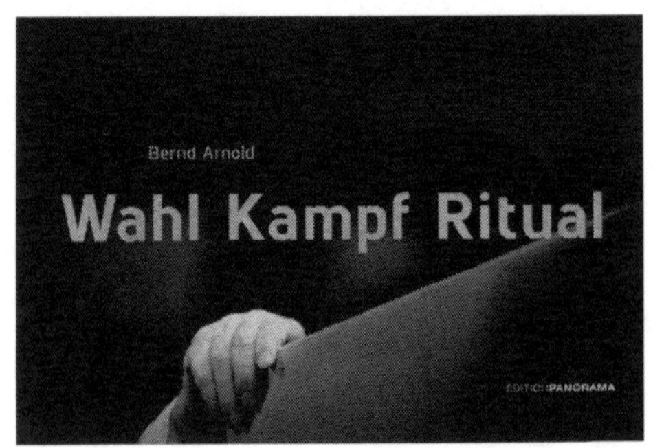

pretation von Wirklichkeit und der damit verbundenen subjektiven Bildgebung verknüpfte.

Ob es allerdings dafür Auftraggeber geben wird, ist ungewiss. Wie sich die dokumentarische Fotografie weiterentwickeln wird, lässt sich schwer beurteilen. Letztlich hängt dieser Prozess neben dem politischen Umfeld auch von den ökonomischen Möglichkeiten eines Lebensunterhaltes ab. Denn eine bildgebende Technik ist nur solange relevant, wie sie gebraucht wird, Menschen bereit sind, darin zu investieren und Bildermacher davon leben können. Daher stellt sich die Frage: An welchen Punkten wird dokumentarische Fotografie voraussichtlich noch gebraucht werden, wer ist aus welchen Gründen bereit, zu investieren?

Was war wirklich gewesen?

Vor mir sehe ich ein Bild. Es ist, nein, es sieht aus wie eine Schwarz-Weiß-Fotografie (S. 6). Man sieht eine Straßenszene von 1920. Ein Mann steht auf einer Straße. Im Hintergrund stehen Autos. Sein Blick ist nach unten gerichtet. In seinen Händen hält er ein Smartphone. Heute erkennen wir noch sofort: Das kann nicht sein! Man kann auf dem Blog von Midjourney nach weiteren Bildern mit Männern und Smartphones der 1920er Jahre suchen und man wird Hunderte finden. Alle sehen unterschiedlich aus. Es ist, als ob man auf einem Nachbarplaneten in einem Bilderarchiv für historischen Fotografien stöbert. Wer weiß, wie viele dieser Bilder sich im Laufe der nächsten Jahre noch ansammeln werden. Und wie viele dieser Bilder werden sich in 150 Jahren in den Kanälen der Information befinden?

Die erste Frage, die sich heute in einem demokratischen Umfeld stellt: Welches politisch-gesellschaftliche System wird in dieser Zukunft die Bedingungen des Zugangs zu den digitalen Daten und den materiell vorhandenen Fotografien (ich nenne sie Artefakte) bestimmen? Daraus folgt eine weitere Frage: Werden faktenbasierte Einordnungen von historischen Fotografien gesellschaftspolitisch überhaupt noch relevant sein?

> **D**as Vertrauen in die Authentizität einer dokumentarischen Fotografie ist fundamental für eine Demokratie.

Demokratische Gesellschaften können nur unter einem freien Diskurs existieren und sich weiterentwickeln. Doch ein konstruktiver Diskurs, der auch Dissens erfordert, funktioniert nur, wenn der Zugriff auf nachweisbare authentische Fakten gewährleistet ist.

Davon ausgehend, dass die medialen Kanäle mit Dichografien geflutet werden, die historisch-dokumentarische und journalistische Fotografien simulieren, alterieren, Historie anders darstellen und aus ihrer Entstehungszeit herauslösen, wird es Strukturen geben müssen, die die Artefakte der Fotografie schützen, wenn Wert auf eine faktenorientierte Wissensgesellschaft gelegt wird. Es würde Zeit, Mühe und Aufwand kosten, das Abgebildete auf seine Richtigkeit zu überprüfen, wenn im ungünstigsten Fall die Quellen nicht mehr verfügbar wären oder sich nicht mehr zurückverfolgen ließen. Denn ohne die archäologischen Artefakte wird in 150 Jahren niemand garantieren können, was wann wie tatsächlich aussah oder existierte. Wer will in ferner Zukunft überprüfen, ob es die in Straßenszenen von 1920 abgebildeten Smartphones tatsächlich schon gab. Oder anders gefragt: Welche Ideale sollen von der durch Aufklärung geprägten Gegenwart in die neue Zeit übernommen werden?

Kürzlich wurde eine Reportage von Ryan McGinnis bei Facebook mit der Frage veröffentlicht, ob eine KI einen überzeugenden Fotoessay kreieren kann, den man in einer echten Zeitschrift veröffentlichen könnte. In der Reportage ***Weld County Oklahoma***[107] wird das Leben der Menschen in einer gottverlassenen und sterbenden Gegend in Oklahoma gezeigt und ist von einer analog-tradierten Fotoreportage nicht mehr zu unterscheiden. Wenn bisher bei der

Betrachtung von Fotografien die Ordnung der Elemente und das Licht zu perfekt schien, überprüfte man, ob manipuliert wurde. Inzwischen ist man bei der Wahrnehmung von KI-Bildern in einem Stadium angelangt, wo man herauszufinden versucht, ob es nicht doch Fotografien sind, weil sie so perfekt sind. Man schweift in den Bildern umher, sucht nach verräterischen Details. Hier entsteht plötzlich die umgekehrte Variante einer Irritation mit der Abfrage nach Authentizität, wie sie in dem Buchprojekt von Bendiksen oder der Bildserie ***So habe ich es gesehen*** stattfand. Bei einer mit McGinnis vergleichbaren analog-tradierten Bildserie, wie beispielsweise Eugene Richards Fotobuch ***Americans We***, in dem es um amerikanische Lebensverhältnisse geht, lässt sich heute noch nachweisen, dass die Fotografien authentisch sind.

Die Herkunft der Bilder wird auch in Zukunft den Grad einer Authentizität und deren Glaubwürdigkeit bestimmen. So wird für zukünftige Generationen das archäologische Artefakt einer physisch vorhandenen Fotografie, wie ein Vintage-Print, auch abgebildet in einer Zeitschrift oder in einem Fotobuch, verknüpft mit dem Nachweis der Quelle ein wesentlicher Nachweis sein, wenn es um die Bestimmung und Deutung historischer Ereignisse oder Identitäten der Abgebildeten geht. Es gibt analoge Daten auf die man zurückgreifen kann, wie Fotoabzüge, Zeitschriften und Fotobücher.

In den Archiven der Fotografen und Fotografinnen, die von Fotografen-Agenturen wie beispielsweise Magnum, Ostkreuz oder VISUM vertreten werden, liegen noch jede Menge Artefakte in den Schränken, die bezeugen: »Es-ist-so-gewesen«; und es ist ein kostbarer Schatz. Es ist ein kostbarer Schatz, für den ein Jim Hawkins, wie im Roman ***Treasure Island*** von Robert Louis Stevenson, nicht mühevoll zu einer Schatzinsel segeln müsste, um ihn dort unter Lebensgefahr zu heben. Es lässt sich schon jetzt vorausschauen, dass es ohne die jetzt noch vorhandenen archäologischen Artefakte der fotografischen Ära schwieriger werden wird, mit Sicherheit zu bestimmen, was wann, wie tatsächlich aussah oder existierte. Die beiden weiter oben gestellten Fragen lassen erahnen, welche Bedeutung auf die dokumentarische Fotografie noch zukommen wird. Vielleicht ist die 1511 von Erasmus von Rotterdam (1466–1536) ausgesprochene Aufforderung aktueller denn je: »Vor allem muss man zu den Quellen selbst eilen …«[108]

So ist der Weitblick des amerikanischen Getty Conservative Institute bemerkenswert. Sie begannen schon zur Jahrtausendwende einen Atlas der chemischen Prozesse in der Fotografie zu erstellen. Denn nicht nur der Erhalt alter Fotografien wird zunehmend wichtiger werden, auch die Frage nach den Möglichkeiten, Fälschungen aufzudecken. So sind bisher rund 150 verschiedene Verfahren analysiert worden, wie sie bei Albumen, Carbon, Collodium on Paper, Collotype, Syanotype, Halbton, Photogravure, Paltinotype, wie sie bei Salzabzügen, Silbergelatine Abzügen oder Woodburytype angewandt wurden.[109]

Auch die Verfahrensweisen der Herstellung und Verbreitung authentischer Fotografie werden sich verändern müssen, damit die Quellen gesichert sind, als authentisch anerkannt bleiben und nachhaltig vor politischen Veränderungen geschützt sind. Denn wie man heute feststellen kann, war bis gestern die Geschichtsumdeutung auf visueller Ebene noch ein aufwendig-teures Verfahren und sogar ein gefährliches, wenn wie zu Stalins Zeiten die Zeugen der Umdeutung zu einer Gefahr wurden. Es wird aus vorgenannten Gründen nicht ausreichen, die Originale nur zu digitalisieren, in der Hoffnung, die Kosten für ein Archiv der Originale einsparen zu können.

Es wird Institutionen geben müssen, die die Artefakte (ein)sammeln. An diesen abgesicherten Orten für die Quellen wird man einen Blick in die Vergangenheit werfen können. Hier können mit Fotografien, Fotobüchern und Zeitschriften zu bestimmten Themen oder Schwerpunkten, Verweise auf bereits vergangene oder tatsächlich existierende Realitäten gegeben werden. Hier kann bestätigt werden, dass es am Anfang des 20. Jahrhunderts keine Smartphones gab.

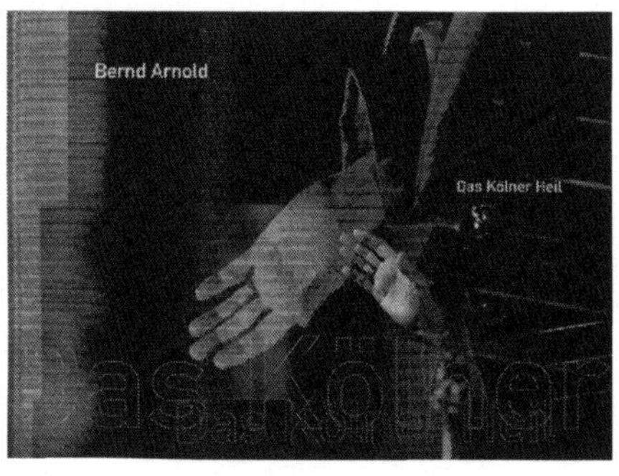

So war Ende der 1990er Jahre der von Winfried Heininger, Christoph und Markus Schaden ins Leben gerufene Fotobuchladen Schaden.com und Schaden-Verlag, nur wenige Schritte vom Kölner Dom entfernt, eine vorausschauend und wegweisende Idee gewesen. Obwohl der Buchladen nach vielen Jahren wieder geschlossen wurde, sind sie der Fotografie treu geblieben. Heininger gründete Kodoij Press in der Schweiz. Christoph Schaden lehrt als Bildwissenschaftler an der Georg-Simon-Ohm Hochschule in Nürnberg und kuratierte verschiedene Ausstellungen, darunter im LVR-LandesMuseum Bonn ***Bilderstrom. Der Rhein und die Fotografie 2016–1853***. Markus Schaden verfolgt seither sein Projekt eines Fotobuch Museums ***thephotobookmuseum.com***, das er inzwischen seit mehreren Jahren mobil platziert. Mir scheint, die Zeit für eine feste Institution rückt in greifbare Nähe.

Vielleicht ist meine ironisch angedachte Idee aus 2021 doch gar nicht so schlecht: »Wird es vielleicht eines Tages Klosterschulen geben, die die reine Lehre der Dokumentarfotografie ritualisieren? Wird das Einlegen des analogen Filmes mit einem Ritus unter Zeugenschaft der Lichtbild-Gläubigen vor dem abzubildenden Ereignis zelebriert, um die Wahrhaftigkeit des historischen Ereignisses für die Geschichtsschreibung notariell zu beglaubigen?«. Und wenn man unbekümmert weiter spekuliert, so könnten Fotografen-Agenturen, die sich auf dokumentarische Fotografie (im weitesten Sinne) spezialisiert haben, die Skriptorien der Zukunft sein.

Die Authentizität einer dokumentarischen Fotografie wird nicht mehr selbstverständlich angenommen, sondern braucht eine Beglaubigung sei es durch den Bildträger, den Autor oder durch die Quelle. Nur so kann Fotografie, bzw. analog-tradierte Fotografie als Dokument im ursprünglichen Sinne als Beweis, Zeugnis oder Nachweis im Sinne einer aufklärenden Wissens- oder Erkenntniserweiterung genutzt werden. Hier könnten Fotografenagenturen eine andere Rolle einnehmen, denn die Kunden der digitalen Bildarchive sind auf eine Vertrauenswürdigkeit der Quelle angewiesen. Wenn der Schwerpunkt einer Fotografenagentur auf der dokumentarischen Fotografie lag und diese sich nicht den Preiskämpfen, Auftragserfüllungen und Schönheitswettbewerben der Bilder unterworfen hatte, kann das nur ein Vorteil bei der Bewertung der Glaubwürdigkeit sein.

Wie der Erhalt dokumentarischer Fotografie nachhaltig und dauerhaft bewerkstelligt werden kann, ist eine Frage, die die Zukunft demokratischer Gesellschaften maßgeblich beeinflussen wird. Denn fotografische Artefakte sind vergänglich und die Entwicklungen neuer Technologien werden nicht enden. So führt ein kurzes Deepfake-Video von Bob de Jong mit dem Schauspieler Morgan Freeman in die zentrale Frage der zukünftigen Menschen, was sie wirklich sehen, wenn sie auf ihre Historie blicken.

»I am not Morgan Freeman, and what you see is not real. What if I were to tell you that I'm not even a human being? Would you believe me?«[110]

Und was bedeutet das für die Dichografie?

Die KI-Technologien werden sich weiterentwickeln. Sie werden sich vom Browser und einer rein-sprachlichen Eingabe lösen, so dass auch aus unterschiedlichen Quellen oder selbsterstellten Bildelementen mit Pinsel, Filter oder Befehl die Arbeiten dichografiert werden können. Soeben hatte Adobe seine KI-Technologie Firefly in Photoshop integriert, mit der das Umfeld innerhalb eines Bildes erweitert werden kann. Und schon kann man auf den Twitter Accounts der AI-Interpreter Lee Brimelow und Kody Young[111] die neuesten Möglichkeiten der KI bewundern. Da finden sich die Werke Mona Lisa von Leonardo, Hoppers Nachtbar, Mondrians

Komposition in Rot, Blau und Gelb, Hieronymus Boschs Garten der Lüste, Jan van Eyck, Botticelli und Michelangelos Erschaffung Adams. Allen Bildern gemeinsam ist, dass das Bildumfeld vervielfacht und die leere Fläche durch die Funktion **Generative Expand** so mit Inhalt aufgefüllt wurde, dass sie Teil des Kunstwerks sein könnte. Nun ist die Landschaft um Mona Lisa mit Bergketten, steilen Berggipfeln, einem See und Gewitterwolken gefüllt und wenn man das Original nicht kennen würde, so würde man diese erweiterte digitale Version für echt halten. So folgt auf dem Markt der KI-Anwendungen im Wochentakt eine Erweiterung nach der anderen. Die bisher eingebundenen KIs werden schon jetzt viele Fotografen verführen, leichte Schiebungen, kleinere Auswechslungen oder Löschungen vorzunehmen, um damit Bildinhalte zu *verbessern*.

> ***M***it dieser Bearbeitung verwandeln sich Fotografien in Dichografien, ohne dass es dem einen Autor oder der anderen Autorin bewusst ist.

Die Produzenten der Dichografien kommen aus allen Richtungen, ob Malerei, Skulptur, Fotografie, Musik, Architektur, Informatik, Literatur oder eben auch völlig fachfremd. Wenn man davon ausgeht, dass mit KI-Bildgeneratoren alle Genres imitiert werden können, so werden sich auch die Kunst- und Fachhochschulen umstrukturieren müssen, um der neuen Bildgebung gerecht zu werden. Die handwerklichen Fertigkeiten und vielfältigen Werkzeuge aus der Kunstgeschichte rücken in den Hintergrund und werden vielleicht nur noch, als Geschichtswissen komprimiert, vermittelt. Die Fähigkeit als KI-Interpreter mit Bild-Generatoren sprachlich und visuell gleichermaßen und miteinander verschränkt virtuos umgehen zu können, wird in den Vordergrund rücken. Daraus folgt, dass ungewöhnliche Fächer zusammengeführt werden. Vielleicht verschwinden sogar die Hochschulen für Fotografie wieder zu großen Teilen, die seit den 1990er Jahren stetig vermehrt wurden. Der Begriff der »Künstler-Genies« wie er im Quattrocento in Florenz verwendet wurde, die zur Herstellung ihrer Ideen auch mit mathematischen Qualitäten gesegnet waren, könnte wieder an Bedeutung gewinnen. Und wird es überhaupt noch sinnvoll sein, Fotokunst zu machen, wenn mit dem Werkzeug der KI-Generierung, die keine Fotografie ist, weitaus komplexer und innovativer dichografiert werden kann?

Die unterschiedlichen KI-Bildgeneratoren kombiniert anzuwenden, wird kaum ausreichen. Spätestens, wenn man gesehen hat, wie eine KI mit irrtümlich eingegebenen absurd-sinnentleerten Wörtern und Rechtschreibfehlern erstaunliche Bilder produziert, wird deutlich, wer der *wahre* Künstler ist. Sich nur auf die *eigensinnige* KI zu verlassen, ähnelt dem Auftrag an reale Künstler oder Künstlerinnen: »Mach doch mal was mit ›Mann, Smartphone, Auto, 1920‹«. Wer wären die Schöpfer des Bildes? Die KI-Bildgeneratoren bleiben die Künstler, solange nicht mit eigenen *Rohstoffen* produziert wird oder das ursprünglich generierte Bild kaum wiederzuerkennen ist. Nur so werden sich die Bilder vom ausgelieferten *Standardmodell ohne Extras* der KI entfernen. Interessant ist auch die Frage, inwieweit sprachlich und visuell gleichermaßen begabte KI-Maschinisten (Interpreter) in der Lage sind, der KI jene Bildwelten zu entlocken, die ihren eigenen Vorstellungen vom Bild entsprechen. Doch auch hier gilt, die Gestaltung beginnt bei der Motivwahl und das Motiv kann die Gestaltung bestimmen. Passt sich der Mensch der Gestaltungsfähigkeit einer KI an, um seine Bildvorstellung zu verwirklichen oder umgekehrt?

So wäre es beispielsweise interessant, Gedichte oder schriftstellerische Passagen bekannter Autoren KI-generiert zu verbildlichen. Auch die Komposition wird in den Vordergrund rücken müssen, damit tatsächlich ein eigenschöpferisches Werk entsteht. Durch die Vernetzung, Vermischung und das wechselseitige Verhältnis von menschlicher und künstlicher Intelligenz entstehen völlig neue

Frau vor Landschaft
Dichografie, ki-generiert, 2023

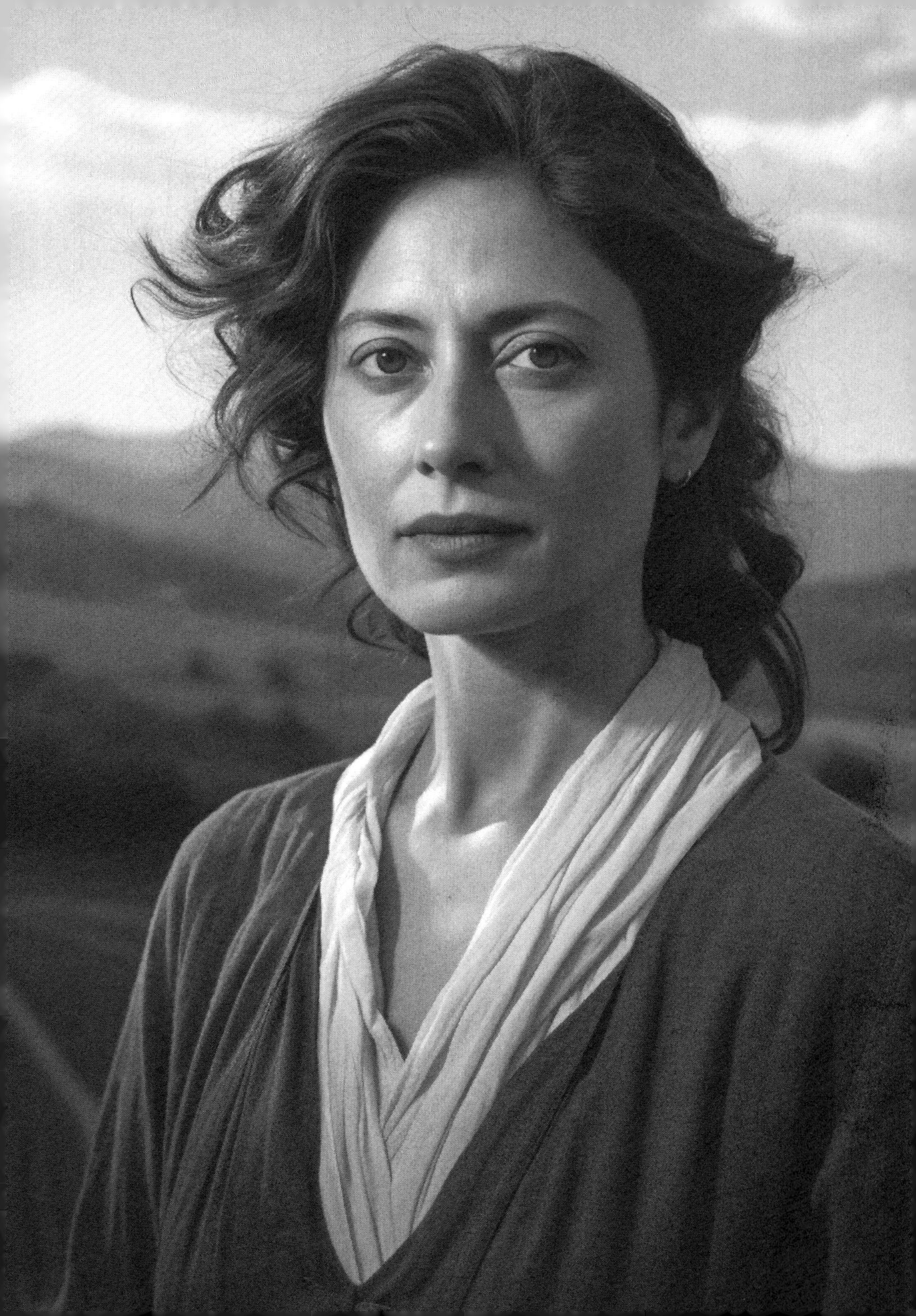

originäre und innovative Felder der Bildgebung. Am Ende wird die Frage stehen, wer eigentlich wen beauftragt hatte: Die KI den Menschen oder der Mensch die KI?

Doch wie sähe – neben der dokumentarischen Fotografie – die Komposition politischer Ereignisse aus? Ereignisse, die historisch bedeutsam sind, könnten unabhängig von Aktualitäten komprimiert und vielschichtig in einem Bild komponiert werden. So kann unabhängig von äußeren Gegebenheiten eine Geschichte mit beliebigen Botschaften gestaltet werden. Die Visualisierung historischer Ereignisse erlangt wieder die *Freiheit*, wie man sie vor der Erfindung der Fotografie kannte. Mit dem Werkzeug einer KI könnten die Bilder weitaus komplexer, zeitnah und massenhaft durch die nun *magischen* Kanäle fließen. Laut Edgerton verfolgten die Historiker bis zur Renaissance nur die Chronik der Ereignisse, aber sie interpretierten diese mit rhetorischer Eleganz. Alberti wollte daher in seinem Traktat zur Malerei die entdeckte Zentralperspektive für die rhetorische Historie dienstbar machen, da Historienmalerei auf die Vergegenwärtigung einer höheren Ordnung zielte.[112] Die Welt hat sich seitdem verändert. Die Machstrukturen vieler Länder sind nicht mehr die Vertikalen, umso spannender wäre es, wie Historie oder politische Ereignisse unter einer Demokratie komponiert werden würden.

Die Komposition politischer Ereignisse kann Wahrheit sein.

Dichografien sind Teil einer anderen Dimension, eines kumulierten Universums der bisherigen Bilder. Bei der Betrachtung einer Dichografie, die eine Person zeigt, verzweigt sich eine Antwort auf die Frage »Wer war die Person wirklich?« in zwei Richtungen:

1. Die Wahrscheinlichkeit einer Nähe zur Realität oder eines wahren Ereignisses ist nicht vorhanden. Es ist eben nicht ein Subjekt, das sich vor dem Objektiv in Pose setzt und einer metaphorischen Existenz mit der Frage entgegensieht: »Werde ich ein gutes Bild abgeben?«[113] Es ist zwar eine Person zu sehen, aber man weiß, es

ist eine Hülle ohne Historie, ohne gelebtes Leben. Es ist nie gewesen.

2. Es besteht eine Realitätsnähe, die in einer idealistisch (aus welcher Intention auch immer) geformten Darstellung tatsächlicher oder möglicher Ereignisse und Personen ausgeprägt ist, wie man es aus der Malerei kennt.

Das klingt nach einem Dilemma und erinnert an das Experiment der Superposition in der Quantenmechanik, bei der Teilchen gleichzeitig unterschiedliche Zustände haben und diese erst unter Beobachtung einnehmen. Denn je nachdem, wer wann beobachtet, nimmt auch das KI-generierte Portrait erst seinen spezifischen informativen Zustand ein.

Die sprachlichen Anweisungen für die KI-Generierung der Imitate der dokumentarischen Fotografie könnte man auch als eine inhaltlich-ästhetische Eingrenzung für einen spezifischen, auszuführenden Traum beschreiben. Die generierten fotografisch anmutenden Bilder lassen sich mit eigenen Träumen vergleichen. Die Szenerien mit Menschen, Straßenzügen, Häusern, Flüssen, Transportmitteln oder Personen wirken meist realistisch. Doch wenn man die *zusammengestellten* Bildelemente eines eigenen Traumes genauer betrachtet, stellt man fest, dass sie zwar real aussehen, sie einem irgendwie vertraut sind, aber dennoch Teile der Bildelemente und auch ihre Zusammenstellung nie existierten. Man könnte von den KI-generierten Dichografien den Eindruck haben, dass das gesammelte visuelle Wissen der Menschheit Teil der Träumereien einer unbekümmerten KI geworden ist: Wir sehen die Träume einer KI. MI und KI entwickeln ihre Träume aus einer ausgebildeten und sich ständig erweiternden Mustererkennung. Damit würde sich vielleicht erklären, warum so viele der aktuell entstandenen KI-generierten Bilder eine surreale Atmosphäre enthalten. Aber wirken die Dichografien mit ihrer zunehmenden Verbreitung nicht auch in das eigene Unterbewusstsein und damit in die eigenen Träume hinein?

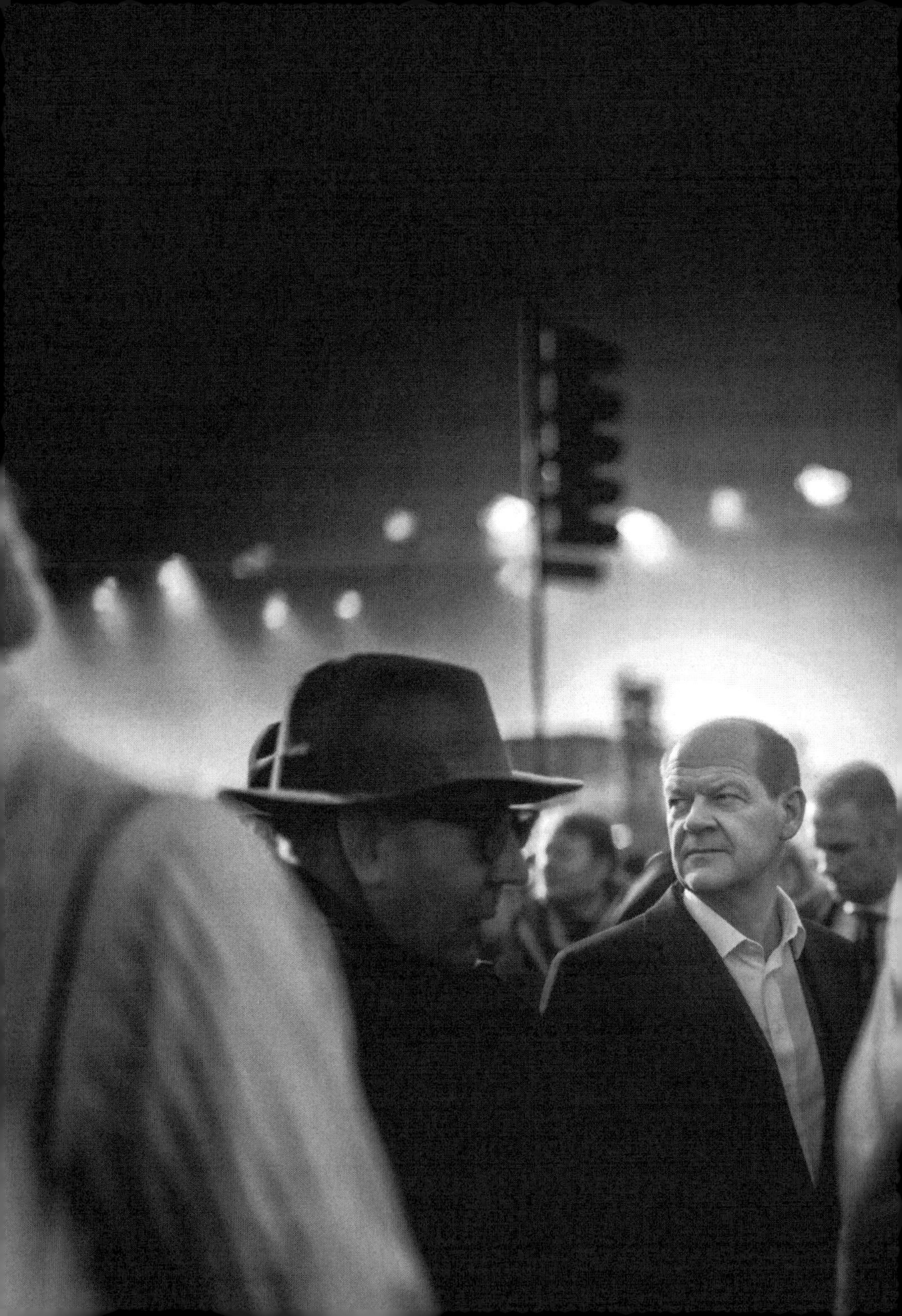

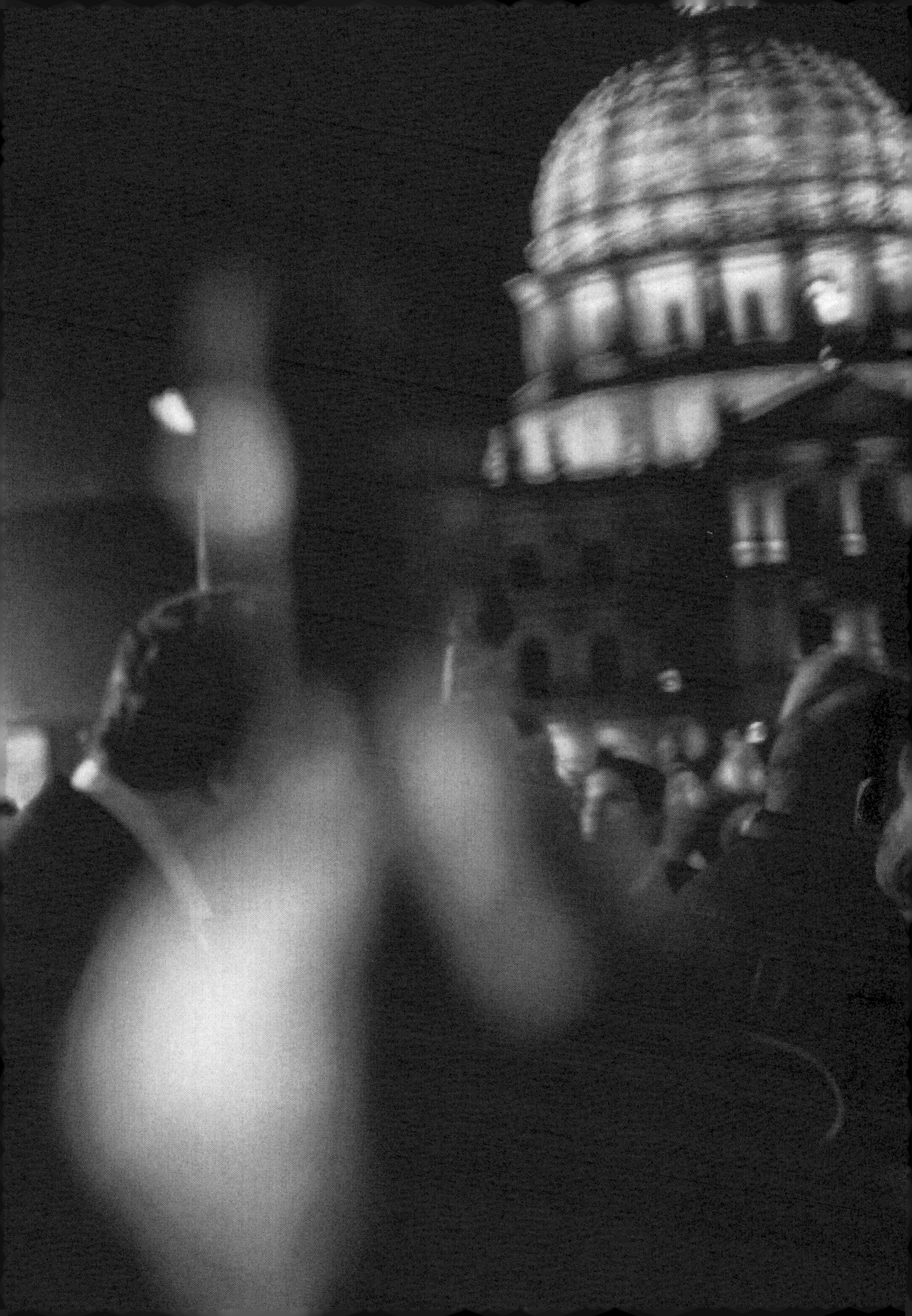

Mit der Einführung der KI-Technologien erfährt der Surrealismus eine unerwartete Wiederbelebung. Ein bemerkenswertes Sinnbild für den Surrealismus findet sich in einer denkwürdigen Szene mit Rasierklinge und Auge im Kurzfilm ***Der andalusische Hund*** (1929)[114] von Luis Buñuel (1900–1983) und Salvador Dali (1904–1989). Der radikale und unwiderrufliche Schnitt mit der Rasierklinge durch ein Auge steht für den Beginn einer veränderten Wahrnehmung von Realität. Gleichzeitig werden mit dieser Szene Urängste angesprochen, die ebenso in KI-generierten Bildern unterschwellig mitschwingen. Der in den 1920er Jahren entstandene Surrealismus mit weiteren Künstlern wie Max Ernst (1891–1976), René Magritte (1898–1967) oder Man Ray (1890–1976) musste wohl für die damaligen Zeitgenossen eine abenteuerliche Erweiterung der Bildwelten gewesen sein, die durch die schrecklichen Bilder des zweiten Weltkrieges ihre Wirkung verloren.

Aus heutiger Sicht werden auch wieder die surrealen Bilder des in Köln geborenen und fast vergessenen belgischen Künstlers Raoul Ubac (1910–1985) interessant. Die fotografischen Arbeiten ***Penthésilée*** (1937), ***La nébuleuse*** (1939) oder Portrait ***Dans un Miroir*** (1938)[115] erinnern verblüffend an aktuelle Produktionen der KI-Generatoren. Offensichtlich hat die KI eine besondere Affinität zum Überrealen. Der spannendste Aspekt im Surrealismus ist jedoch die Auseinandersetzung und Beschäftigung mit der vierten Dimension, die Salvador Dali sichtbar machen wollte. Das Werk ***Kreuzigung (Corpus Hypercubus)***[116] entstand 1954 und zeigt Jesus an einem aufgefalteten vierdimensionalen Hyperwürfel freischwebend gekreuzigt. Dali beschäftigte sich in seiner letzten Schaffensphase bis in die 1980er Jahre hinein mit Naturwissenschaften und Mathematik und näherte sich damit wieder, zum Ärgernis seiner Surrealisten-Kollegen, dem Selbstverständnis der »Künstler-Ingenieure« der Renaissance an.

Der im 15. Jahrhundert geschaffene dreidimensionale virtuelle Raum der Zentralperspektive könnte durch die Entdeckung eines

Vorheriges Bild:
Olaf Scholz, Bundestagswahl 2025, Berlin
Dichografie, ki/mi-generiert, 2023

neuen virtuellen Raumes abgelöst werden, der erst jetzt aufgrund der neu entstehenden Technologien möglich wird. Die zukünftigen »Künstler-Ingenieure« könnten einen neuen erweiterten Raum der Wahrnehmung schaffen, der Zugang zu einer neuen Bildwelt ermöglicht, die in ein anderes Weltbild führt. Vielleicht ist Dali einer der Ersten dieser neuen Bildgebung, ohne dass dies jemand geahnt hätte – natürlich – abgesehen von Dali selbst. Das Ereignis wäre mit dem durch Masaccio 1425 entstandene Fresco ***Trinität*** in Santa Maria Novella in Florenz vergleichbar, das, wie sollte es anders sein, eine Kreuzigungsszene zeigt. Er war derjenige, der zum ersten Mal nach Brunelleschi die Zentralperspektive anwandte und ohne es zu ahnen, mit seinem Werk ein neues Zeitalter sichtbar machte.

Die Bilder der neuen Welt

Wenn nach der These Löfflers die Menschheitsgeschichte tatsächlich ein geregelter Naturprozess ist, so schauen wir im Moment auf eine Welt, die eine Komplexität erreicht hat, wie sie wahrscheinlich ebenso im Übergang vom Mittelalter zur Renaissance wahrgenommen wurde: Unüberschaubar und chaotisch.

Die Mediengeschichte ist technologisch betrachtet auch eine Geschichte der Bildträger von den ersten unbeweglichen Höhlenmalereien auf Stein, Malereien auf Leinwand, Fotografien auf Papier bis hin zu den leichtfüßigen Bildschirmen. Es sind Oberflächen von Materie, »in denen Spuren des Erlebens, des Erinnerns und des Denkens eines Subjektes«[117] fixiert sind. Mit jeder neu eingeführten kommunikativen Technologie wird vorhergehendes gesammeltes und gespeichertes Wissen komprimiert, die Komplexität wird rekursiv kumuliert und es wird aufbauend Raum für eine quantitative und qualitative Erweiterung geschaffen. »Wie sich die Linie zur Fläche verhält und in ihr integriert wird, so integriert jede höhere Medienstruktur rekursiv jeweils die Abbildungsmöglichkeiten der vorherigen [...] und spannt dabei zugleich eine neue Dimension der Relationalität zwischen ihnen auf.«[118]

Die Digitalisierung und die Einführung der neuen bildgebenden Technologie der KI-Bildgeneratoren führen zu Vereinfachung und Verkürzung der Produktionsprozesse in der visuellen Kommunikation. Und gleichzeitig wird die Wahrnehmung von Realität unumkehrbar verändert. Denn: Während der intensiven Betrachtung von KI-generierten Dichografien fällt jetzt schon auf, wie sich die eigene Wahrnehmung von Bildern, sei es der Fotografie oder der Kunst, zunehmend verschiebt.

Die Einführung der Zentralperspektive führte zu einer neuen Realitätsstrukturierung, mit der die Menschen die Bildwelt Gottes verlassen hatten und in die Bildwelt des Individuums eintraten. Die dokumentarische Fotografie ist mit ihrem analogen Bildträger oder ihrer analog-tradierten Auffassung auf dem Höhepunkt der Perfektion einer realitätsnahen Abbildung der bisherigen Wahrnehmung von Wirklichkeit angelangt. Die Bildwelt der Dichografien führt dagegen in einen **magisch-mystischen Realismus** bzw. in einen s**urrealen Realismus**, der auch hier das Dilemma des zweifach-gleichzeitigen aufwirft. Wie auch immer eine »höhere Medienstruktur« beschaffen sein wird, so fällt zumindest auf, dass sie schon mitschwingt und die bisherige Struktur rekursiv integriert. So lässt sich annehmen, dass wir an der Schwelle zu einem neuen Zeitalter stehen, welches eine Bildwelt vor sich hat, die wir uns heute, aufgrund der Beschränkungen unserer Wahrnehmung, noch nicht vorstellen können.

Der französische Philosoph und Kunsthistoriker Hubert Damisch schrieb 1963 über die erste Fotografie ***Pont du vue du Gras*** (1826) von Niecéphore Niépce (1765–1833): »[...] ein fragiles, bedrohtes Bild, das durch seine Gliederung und seine gleichsam im Entstehen begriffene Textur manchen kleinen Gemälden von Seurat[119] so nahe ist; ein unvergleichliches Bild, das uns von einer fotografischen Materie träumen läßt, die nicht mit der Materie dessen verschmölze, was sein Gegenstand [objet] oder sein Subjekt [sujet] ist, und gleichzeitig von einer Kunst, in der das Licht seine eigene Metapher hervorbrächte.«[120]

Wahrscheinlich konnte sich Niecéphore Niépce nicht einmal erträumen, welches Universum an Fotografien in den nächsten 200 Jahren entstehen würde. Niemand hätte sich das wohl seinerzeit in dieser Dimension vorstellen können.

Warum war eigentlich eines der interessantesten dokumentarischen Bilder der letzten Jahre das Bild von einem Schwarzen Loch, das von einem Team um den Astrophysiker Heino Falcke zum ersten Mal fotografiert wurde und diese Abbildung so uneingeschränkt für glaubwürdig eingeschätzt? Ist es nicht erstaunlich, dass die neue weltumwälzende Digitalisierung die Abbildung eines Objektes ermöglicht, welches das Licht komplett verschluckt und das, was man zu sehen glaubt, nicht sichtbar ist?

Und während ich das Abbild des unbearbeiteten Originals der ersten Fotografie aus dem Jahr 1826 und das erste Bild eines Schwarzen Lochs aus dem Jahr 2019 vergleiche und mich bemühe, darin etwas zu erkennen, frage ich mich, welches Universum der Bilder die Menschheit die nächsten 200 Jahren erwarten wird?

Wo wir wieder bei der Frage sind:
Was sehen wir wirklich?
Und was wollen wir sehen?

Epilog

Max Ernst schrieb in seiner Veröffentlichung ***Jenseits der Malerei*** im Jahr 1936:

»An einem regnerischen Tag des Jahres 1919, in einer Stadt am Rhein, fiel mir auf, mit welcher Besessenheit mein irritiertes Auge an den Seiten eines Bilderkataloges haftete, in dem Gegenstände zur anthropologischen, mikroskopischen, psychologischen, mineralogischen und paläontologischen Veranschaulichung abgebildet waren. Dort standen Bildelemente nebeneinander, die einander so fremd waren, dass gerade die Sinnlosigkeit dieses Nebeneinanders eine plötzliche Verschärfung der visionären Kräfte in mir verursachte, und eine halluzinierende Folge widersprüchlicher [...] Bilder wachgerufen wurde [...].«[121]

Die Anweisung an den KI-Generator lautete:

»Rainy day, year 1919, city on the Rhine, obsession, irritated eye, objects for anthropological, microscopic, psychological, mineralogical and paleontological illustration, pictorial elements next to each other, senselessness, visionary powers, hallucinations, photo, blackandwhite«

Jenseits der Malerei,
Dichografie, ki-generiert, 2023

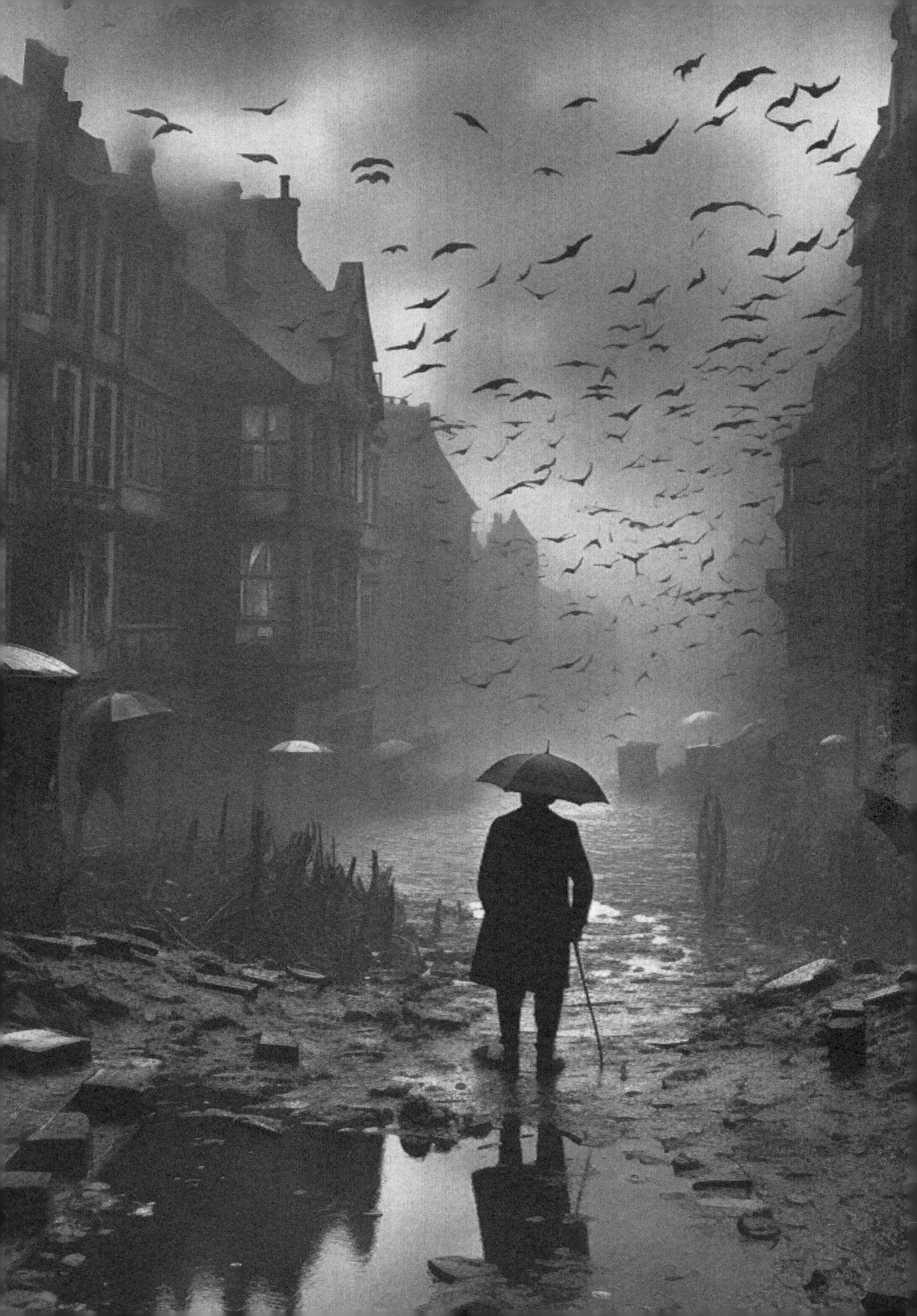

Begriffserklärung

John Herschel (Erfinder des Fixierbades) führte 1839 den Begriff **Fotografie** (aus altgriechisch photós ›Licht‹ und graphein ›schreiben‹, ›malen‹, ›zeichnen›, also ›zeichnen mit Licht‹) ein. Mit Hilfe optischer Verfahren wird ein Lichtbild auf ein lichtempfindliches Medium projiziert und mit chemischen Verfahren dauerhaft festgehalten.

In meiner Studienarbeit von 1988 verwendete ich den Begriff **analog** für eine gleichartige oder entsprechende Übertragung der aufgenommen Lichtspuren auf einen Film als Bildträger, bei der die Lichtspuren fixiert und nicht verschoben sind.

Mit der Jahrtausendwende kam im deutschsprachigen Raum der Begriff **analoge Fotografie** für filmbasierte Fotografie als Abgrenzung (Antonym) zur digitalen Fotografie auf. Der veränderte Gebrauch des Begriffs »analog« lässt sich auch in anderen Bereichen beobachten, wenn etwas als analog zu real mit den Sinnen wahrnehmbar oder im Gegensatz zu digital beschrieben wird.

Die **analog-tradierte Fotografie** ist zwar mit Digitalkameras produziert, wird aber in der Tradition der analogen Fotografie genutzt, bei der die übertragenen Lichtspuren auf den digitalen Bildträger nicht mehr nachträglich verschoben werden und nur die Nachbearbeitungen der gewohnten Dunkelkammertechniken üblich ist. Diese Form ist für die heutige dokumentarische Fotografie oder Fotojournalismus maßgebend. Sie basiert auf dem Versprechen der Film-basierten Fotografie, dass keine Lichtspuren verschoben wurden. Die Rohdaten müssen einsehbar sein.

Die **digitale Fotografie** umfasst alles, was mit der Sensortechnik aufgenommen und per Software weiterverarbeitet wird. Hier gibt es alle Möglichkeiten der Bildbearbeitungen wie z. B. Filtertechniken, Himmelsaustausch, entfernende Retuschen, Farbwechsel. Die digitale Fotografie markiert den Übergang in die neue Bildwelt der Dichografien. Sie ist das **Zwischenstadium** von der Fotografie zur Dichografie.

Der Begriff **Dichografie** (aus altgriechisch dícha, »zweifach, doppelt«) verweist auf eine binäre Bildspeicherung und auf ein Parallel-Universum der Bilder. Dichografie ist eine Imitation von Fotografie.

Mit Hilfe digitaler Techniken werden fotografische Elemente verschoben, ausgetauscht, hinzugefügt, neu zusammengestellt und/oder KI-generiert. Auf diesem Wege wird eine dokumentarische, fotojournalistische, künstlerische oder historische Imitation einer Fotografie konstruiert, die einen hohen Grad an Authentizität simuliert. Darüber hinaus sind in den KI-Generatoren alle bisherigen Bildgebungstechniken der Kunstgeschichte zusammengeführt. Es können aus einem einzigen Werkzeug heraus ausnahmslos alle Genres der Bildgebung, die es je gab, gibt und noch gegeben hätte, imitiert, erweitert, alteriert, kombiniert und völlig neue Bildwelten erzeugt werden.

Anmerkungen

1 Magercord, Michael: Guy Meyer zitiert in: *Bilder sind stärker als Worte*. Interview, in: Deutschlandfunk, 14.5.2023, (siehe Hyperlink in Quellen).
2 Markschies, Alexander: *Brunelleschi*, München: C.H. Beck, 2011, S. 41.
3 Magercord, Guy Meyer, zitiert in: DLF, 2023.
4 Dewitz, Bodo v. (Hrsg.): *Chargesheimer - Bohemien aus Köln*, Köln: Greven, 2007, Klappentext.
5 Feininger, Andreas: *Die neue Fotolehre*, 12. Aufl., München: Knaur, 1970, S. 22.
6 Die Photokina in Köln galt als weltweite Leitmesse der Foto-, Video- und Imaging-Branche und wurde 1950 erstmalig durchgeführt. Die letzte Messe fand 2018 statt.
7 Vgl. Koetzle, Hans-Michael: *Choreographie der Macht*, in: Leica World 1/2000, S. 54-61.
8 Der analoge Abdruck eines Gebisses mit einer »Knetmasse« nimmt viel Zeit in Anspruch. Bei einem digitalen 3D-Scan ist diese Prozedur erheblich verkürzt. Hier stellt die Frage, welche Beweiskraft digital erstellte Gebissaufnahmen für die Forensik in Zukunft noch haben könnten.
9 Prospekt News Spezial-Ausgabe Photokina 1986, Einführung des Still Video Systems (SVS) von Canon.
10 Das Kameragehäuse lag bei 2725$ noch günstig. Aber die Anschaffung machte nur mit dem weiteren Zubehör Sinn und lag bei rund 30.000$, Das war tatsächlich nur für Verlage realistisch. https://www.digitalkameramuseum.de/de/geschichte (abgerufen Mai 2023).
11 Barthes, Roland: *Die helle Kammer: Bemerkungen zur Photographie*, Frankfurt: Suhrkamp, 1985, S. 17.
12 Vgl., Barthes, 1985, S. 11.
13 Vgl., Barthes, 1985, S. 86-87.
14 Schmid, Joachim: *Es kommt der elektronische Fotograf*, in: European Photography 22, Göttingen, 1985, S. 5 ff.
15 Während meiner Recherche 2021 fand ich einen großen Essay von Fred Ritchin im New York Times Magazine vom 4.11.1984. Hier beschrieb Ritchin noch vor Schmid exakt die Möglichkeiten und Werkzeuge der digitalen Zukunft, vor allem auch im Hinblick der Verwendung im Fotojournalismus. https://www.nyti-

mes.com/1984/11/04/magazine/photography-s-new-bag-of-tricks.html

16 Ergänzende Anmerkungen zu den Texten von 1988 und 2021 sind als »Nachtrag« gekennzeichnet.

17 »Die Revolution der visuellen Kommunikation«, so wurde die Einführung des Still Video Systems in der Canon Photokina News 1986 eingeläutet.

18 Nachtrag: Die SVS Canon RC-701 war die erste, echte kommerzielle elektronische Standbildkamera. Sie war mit einem 390.000 Pixel CCD Sensor von Texas Instruments ausgestattet und übersetzte noch analog die Daten und speicherte diese auf Magnetband oder Floppy Disk. Eine Wandlung ins digitale fand erst bei der Übertragung auf dem Computer statt. Leider gab es zu dieser Zeit noch nicht eine so detaillierte Auflistung der Geschichte der digitalen Fotografie. https://www.digitalkameramuseum.de/de/geschichte

19 Lohman, Joachim: *Gegenwart und Zukunft der Forschung in der Fotografie*, in: Profi Foto März/April 1986, S. 62 ff.

20 Visuell, 1/1988, S. 22.

21 Baus, Hermann und Clärchen: *… zum Augenblicke sagen, verweile doch!*, Köln: Walther König, 1985.

22 Nachtrag: Die erste aufgenommene und erhaltene Fotografie der Welt »La cour du domaine du Gras« wurde im Frühherbst 1826 durch Joseph Nicéphore Niépce im Heliografie-Verfahren angefertigt. Es ist ein Blick aus seinem Arbeitszimmer. https://de.wikipedia.org/wiki/Blick_aus_dem_Arbeitszimmer

23 »Politiker besucht …« ist ein typisches, nur für die Presse inszeniertes Medienereignis, doch die politische Kultur, die mit Wissen des Politikers inszeniert wird, ist ablesbar.

24 Nachtrag: vgl. Barthes, Frankfurt 1985. Die Ausführungen von Barthes zur Spur des reflektierten Lichtes auf dem Bildträger waren für die Studienarbeit besonders wichtig.

25 Kunstblatt, 24.9.1839, zitiert in: Peters, Ursula: *Stilgeschichte der Fotografie in Deutschland 1839-1900*, Köln: DuMont, 1979, S. 22

26 Schopenhauer zitiert in: Peters, 1979, S. 134.

27 Peters, 1979, S. 149.

28 Ebd., S. 149.

29 Gidal, Tim N.: *Deutschland – Beginn des modernen Photojournalismus*, Luzern-Frankfurt: Bucher, 1972, S. 8.

30 Ebd., S. 8

31 Ebd., S. 20.

32 Ebd., S. 19, 22.

33 Anders, Günter: *Die Antiquiertheit des Menschen - Band 2*, München: C.H. Beck, 1980, S. 250.

34 Freund, Giséle: *Photographie und Gesellschaft, Reinbeck*: Rowohlt, 1979, S. 119.

35 Britisches Prinzenpaar besucht Köln, in: Kölner Stadt-Anzeiger 4.11.1987, S. 1, Foto: Bernd Arnold.

36 Nachtrag: In der weiteren Verarbeitung folgten übliche Dunkelkammertechniken, wie: Ausschnitt, Kontrast und Helligkeit, Nachbelichten und Abwedeln.

37 vgl. Schmid, 1985, S. 5 ff.

38 Nachtrag: Gräff, Werner: *Der kommt der neue Fotograf*. Der schon 1929 in seinem Fotobuch angekündigte Fotograf kommt schon wieder.

39 Nachtrag: Vgl. Schmid, 1985. Schmid beschreibt die Arbeitstechniken der zukünftigen Fotografen. Er bezog sich vorwiegend auf den Kontext der Kunst. In diesem Diskurs wurde meist die Authentizität der Fotografie in Frage gestellt. Umso bedeutender war »Die helle Kammer« von Barthes, der das Wesen der Fotografie, unabhängig von einer kommunikativen Funktion, eher als Spur des Gewesenen betrachtet.

40 Nachtrag: Das Fazit der Studienarbeit ist nur noch handschriftlich verfügbar. Dieses wurde mit den letzten Korrekturen aus der hier vorliegenden Version am 28.1.1988 an der FH Dortmund zur Fachprüfung vorgelegt bzw. mündlich vorgetragen.

41 Vgl. *Berlin ist eine Reise wert - die IFA nicht*, in: ChannelPartner 6.9.2001, https://www.channelpartner.de/a/berlin-ist-eine-reise-wert-die-ifa-nicht,621481 zitiert in: Wikipedia, https://de.wikipedia.org/wiki/Fotografie

42 Website Skylum, https://skylum.com/de/luminar-neo (abgerufen 2021).

43 Unsplash.com bietet ausschließlich kostenlose Lizenzen für über eine Million Bilder an.

44 https://en.wikipedia.org/wiki/You_Press_the_Button%2C_We_Do_the_Rest

45 Der Begriff tauchte zum ersten Mal im Dezember 2017 im sozialen Netzwerk Reddit bei einem anonymen User auf, der sich »deepfakes« nannte. Vgl. Tom Van de Weghe, Six lessons from my deepfakes research at Stanford

46 Bolz, Norbert zitiert in: Koetzle, 2000, S. 54-61.

47 Tom Van de Weghe, Six lessons from my deepfakes research at Stanford.

48 Harry Potter und der Stein der Weisen, 2001, ca. 0:54:43.

49 Computer Generated Imagery (CGI) ist der englische Fachausdruck für mittels 3D-Computergrafik (Bildsynthese) erzeugte Bilder im Bereich der Filmproduktion, der Computersimulation und visueller Effekte.

50 Computeranimierte und fotorealistische Menschen sehen nahezu echt aus. Das menschliche Gehirn erkennt jedoch künstliche Merkmale in Gesichtern von CGI-Personen, was als unheimlich (englisch »uncanny«) wahrgenommen wird.

51 World Press Photo: Contest code of ethics, 2022, (siehe Hyperlink in Quellen).

52 *Synthetisch*, in: Wolfgang Pfeifer et al., Etymologisches Wörterbuch des Deutschen (1993), digitalisierte und von Wolfgang Pfeifer überarbeitete Version im Digitalen Wörterbuch der deutschen Sprache, https://www.dwds.de/wb/synthetisch (abgerufen 2021).

53 Laurent, Olivier: *Steve McCurry – I'm a Visual Storyteller Not a Photojournalist*, in: Time: 30.5.2016, https://time.com/4351725/steve-mccurry-not-photojournalist/ (abgerufen 2021).

54 Verfasser unbekannt: *Fotojournalismus als Token*, in: Frankfurter Allgemeine Zeitung, 11.1.2022, https://www.faz.net/aktuell/feuilleton/medien/associated-press-entwickelt-nft-marktplatz-fuer-fotojournalismus-17726185.html (abgerufen am 11.1.2022).

55 *»›If your pictures aren't good,‹ he was fond of saying, ›you aren't close enough.‹«* Nachruf zu Robert Capa: The Press: Death Stops the Shutter, Time, 7.6.1954, https://content.time.com/time/subscriber/article/0,33009,806892,00.html (abgerufen 2021).

56 Der Xerox-Scanning-Bug von 2013 ist beispielhaft für ein fälschlicherweise sicher geglaubtes abgelichtetes Dokument. Die Fotokopierer von Xerox druckten Zahlen auf den Fotokopien aus, die nicht mit dem Original übereinstimmten. Ursache war eine fehlerhafte Komprimierung (Pattern Matching & Substitution), die erst nach Jahren und Millionen gescannter Dokumente aufgedeckt wurde. https://www.dkriesel.com/blog/2014/1229_video_meines_vortrags_auf_dem_31c3 (abgerufen 2021).

57 Riedel, Peter: *Pragmatik der Photographie: Einführung in die Theorie des photographischen Realitätsbezuges*, Marburg: Tectum Verlag, 2002, S. 102.

58 Vgl. Wikipedia: Das Wort Bit ist eine Wortkreuzung aus binary digit – englisch für

»binäre Ziffer«. Es wurde von dem Mathematiker John W. Tukey vermutlich 1946 vorgeschlagen. Schriftlich zum ersten Mal 1948 auf Seite eins von Claude Shannons berühmter Arbeit A Mathematical Theory of Communication erwähnt. Die Bits als Wahrheitswerte verwendete George Boole als Erster.

59 Vgl. Dichotomie, in Wikipedia, https://de.wikipedia.org/wiki/Dichotomie.

60 Bauernebel, Herbert und Philip Fabian: *Künstliche Intelligenz zeigt mögliche Trump-Verhaftung*, in: BILD, 21.3.2023, (siehe Hyperlink in Quellen).

61 VS (Kürzel des Autors): *Klare Sicht im Netz*, in: Innovatio, Mai 1992, S. 26–27.

62 *Liebesgeschichte (letzte Kapitel)*, Jean-Luc Lagarce. Inszenierung: Inka Neubert. INTEATA im Kölner Filmhaus, Premiere: 17.10.2001.

63 Kolarik, Marianne: *Inka Neuberts Liebesgeschichte*, Kölner Stadt-Anzeiger, Kultur, 20.10.2001.

64 Das Ministerium für Kultur und Wissenschaft des Landes Nordrhein-Westfalen vergab, aufgrund der Covid Restriktionen, im Mai 2021 Stipendien für das 2. Halbjahr 2021. Für das Exposé »Der Neue Fotograf – Digitale Komposition politischer Ereignisse (Arbeitstitel)« erhielt ich am 23.5.2021 eine Förderzusage und konnte damit das Projekt bis Ende 2021 realisieren.

65 Chao, Jade: Interview mit Jonas Bendiksen, in: Magnum-Blog, 17.9.2021: https://www.magnumphotos.com/arts-culture/society-arts-culture/book-veles-jonas-bendiksen-hoodwinked-photography-industry/ (abgerufen Juni 2023).

66 David King: *Stalins Retuschen*. Foto- und Kunstmanipulation in der Sowjetunion, New York: Metropolitan Books, 1997, S. 66–73.

67 Edwards, Benj: Viral Instagram photographer has a confession: His photos are AI-generated, Artist wants to »come clean« and highlight a new media process., in Ars Technica, 21.2.2023, (siehe Hyperlink in Quellen).

68 James, Vincent: *An AI-generated artwork's state fair victory fuels arguments over 'what art is',* in: The Verge, 1.9.2022, https://www.theverge.com/2022/9/1/23332684/ai-generated-artwork-wins-state-fair-competition-colorado (abgerufen Juni 2023).

69 Ernst, Nico: *Die Lehren aus dem KI-Eklat bei Sonys World Photo Award*, in: Heise-Online, 20.4.2023, https://www.heise.de/meinung/Die-Lehren-aus-dem-KI-Eklat-bei-Sonys-World-Photo-Award-8974019.html (abgerufen Mai 2023).

70 Roose, Kevin: *An A.I.-Generated Picture Won an Art Prize. Artists Aren't Happy,* in: New York Times, 2.9.2022, https://www.nytimes.com/2022/09/02/technolo-

gy/ai-artificial-intelligence-artists.html (abgerufen Juni 2023).

71 Vgl. Damian Zimmermann, *Andere Bilder*, in: DJV-Journal, 02/2023, S. 25.

72 Löffler, Davor: *Über die Auswirkungen der Entdeckung der Zentralperspektive*, in: Endlichkeitskaskaden, Berlin: sine causa Verlag 2009, S. 9–27.

73 Vgl. Scheurer, Hans J.: *Zur Kultur und Mediengeschichte der Fotografie: Die Industrialisierung des Blicks*, Köln: DuMont, 1987, S. 24.

74 Markschies, 2011, S. 39.

75 Vgl. Samuel Y. Edgerton: *Die Entdeckung der Perspektive*, München: W.Fink, 2002. S. 129–137.

76 Markschies, 2011, S. 41.

77 Löffler, 2009, S. 9–27.

78 Ebd.

79 Ebd.

80 Vgl. Löffler, 2019, S. 533–538.

81 Ebd. Löffler, 2019.

82 Vgl. Edgerton, 2002, S. 148.

83 Vgl. Zeitler, Rudolf: *Die Kunst des 19. Jahrhunderts – Propyläen der Kunstgeschichte 11*, Berlin: 1966, S. 273, zitiert in: Peters, 1979, S. 364.

84 Campbell, Falomir, Fletcher, Syson (Hrsg.): *Die Portrait-Kunst der Renaissance. Van Eyck, Dürer, Tizian …*, Stuttgart: Belser, 2008, S. 83.

85 Vgl. Koetzle, Hans-Michael: *Augen Auf!* Heidelberg: Kehrer, 2014, S. 120. Entnommen aus: Deutsche Presse Nr. 7, 1932, S. 77.

86 Ein gutes Beispiel für die aufkommende Bedeutung eines Dokumentarismus ist Gustave Caillebotte, »Jeune homme à la fenêtre«, 1876, (Öl auf Leinwand, 116×81cm) wurde für 46 Millionen Dollar bei der Herbst-Auktion von Christie's versteigert: FAZ-Online vom 20.11.2021.

87 Vgl. Maria Sibylla Merian – Naturforscherin und Künstlerin (1647–1717), Ostfildern: Hatje Cantz, 2013.

88 Alexander von Humboldt. *Bilder-Welten. Die Zeichnungen aus den Amerikanischen Reisetagebüchern.* Prestel 2018. http://www.avhumboldt.de/?p=12452

89 Grimm, Ludwig Emil: *Lebenserinnerungen des Malerbruders*, Boehncke, Heiner und Hans Sarkowicz (Hrsg.), Berlin: Die Andere Bibliothek 2015.

90 Ebd., Grimm, 2015, S. 492–495.

91 Ebd., Grimm, 2015, S. 496–499.

92 Vgl. Peters, 1979, S. 16.

93 Kunstblatt 1839, zitiert in: Peters, 1979, S. 22.

94 Tausk, Petr: *Die Geschichte der Fotografie im 20. Jahrhundert, Von der Kunstfotografie bis zum Bildjournalismus*, Köln: Dumont, 1977.

95 Chargesheimer: *Konrad Adenauer - Wahr ist, was gefällt*, in: Der Spiegel, 11.9.1957, Titelbild.

96 Vgl. Koetzle, 2000, S. 54-61.

97 Burson, Nancy: *Composites Computer-Generated Portraits*, New York: Beech Tree Book, 1986.

98 Ebd, S. 11.

99 Vgl. Piaget, Jean: *Einführung in die genetische Erkenntnistheorie*, Frankfurt: suhrkamp, 1981, S. 69-71.

100 McLuhan, Marshall: *Die magischen Kanäle*, Basel: Verlag der Kunst Dresden, 1994, S. 23.

101 Hirschfeld, Jochen: Facebook Post, 12.9.2022, https://www.facebook.com/jochen.hirschfeld/posts/1202072667038378

102 Vgl. Akinci, Nick und Joerg Heidrich: *Was bei Urheberschutz und Datenschutz gilt, in: c't, ChatGPT & Co*, Sonderheft 2023, S. 14-18.

103 *Die Bibel* - Revidierte Einheitsübersetzung, Stuttgart: Deutsche Bibelgesellschaft, 2016.

104 Spiegler, Roland: *Künstliche Intelligenz und Bewusstsein*, 2023, S. 36.

105 Anders, 1980, S. 250.

106 Sevcik, Anja K. (Hrsg.): *Inside Rembrandt 1606-1669*, Petersberg: Michael Imhoff Verlag 2019, S. 200.

107 McGinnis, Ryan in: Facebook, AI Art Universe, 11.6.2023, https://www.facebook.com/groups/526007639164475/?hoisted_section_header_type=recently_seen&multi_permalinks=817116583386911 (abgerufen Juni 2023).

108 Vgl. Wikipedia:Erasmus von Rotterdam: De ratione studii ac legendi interpretandique auctores, Paris 1511, in: Desiderii Erasmi Roterodami Opera omnia, Hrsg. v. J. H. Waszink u. a., Amsterdam 1971, Vol. I 2, 79-151.

109 Stulik, Dusan und Art Kaplan: *The Atlas of Analytical Signatures of Photographic Processes*, in: The Getty Conservation Institute, 2013, https://www.getty.edu/conservation/publications_resources/pdf_publications/atlas.html (abgerufen Juni 2023).

110 Jong, Bob de: *Concept and deepfake of Morgan Freeman,* in: Youtube, 7.7.2021 https://www.youtube.com/watch?v=oxXpB9pSETo (abgerufen Mai 2023).

111 Kody Young: *Ever wonder what the rest of the Mona Lisa looks like?* in: Twitter, 26.5.2023, https://twitter.com/heykody/status/1662168407024996353 (abgerufen Mai 2023).

112 Vgl. Edgerton, 2002, S. 33.

113 Vgl. Barthes, 1985, S. 19.

114 Buñuel, Luis und Salvador Dali: *Der andalusische Hund*, 1929, in: Internet Archive, https://archive.org/details/UnChienAndalou_313/ (abgerufen Juni 2023).

115 Ubac, Raoul: Portrait Dans un Miroir, 1938, in: Metropolitan Museum of Art, https://www.metmuseum.org/art/collection/search/265064 (abgerufen Juli 2023).

116 Dali, Salvador: *Kreuzigung (Corpus Hypercubus)*,1954, in Metropolitan Museum of Art, https://www.metmuseum.org/art/collection/search/488880 (abgerufen Juli 2023).

117 Löffler, Davor: *Generative Realitäten I: Die Technologische Zivilisation als neue Achsenzeit und Zivilisationsstufe*, Velbrueck Wissenschaft, Weilerswift, 2019, S. 660, zitiert aus: Merlin Donald: The Exographic Revolution in: L.Malafouris, C.Rebfrew (Hg.), Oxford, Oxford Books, 2010, S. 71-79.

118 Vgl. Löffler, 2019, S. 660-661.

119 Georges-Pierre Seurat (1859-1991), französischer Maler und Zeichner, Vertreter des Pointillismus.

120 Damisch, Hubert: *Fünf Anmerkungen zu einer Phänomenologie des fotografischen Bildes*, in Paradigma Fotografie, Fotokritik am Ende des fotografischen Zeitalters, Hrsg. Herta Wolf, Suhrkamp, 2002, S. 135-139; Erstpublikation L'Arc (photographie), 6. Jg., Nr. 21, Frühjahr 1963, S. 34-37.

121 Vgl. *Au-delà de la peinture, veröffentlicht in einer Sondernummer zu Max Ernst in Cahiers d'Art, Paris,* herausgegeben von Christian Zervoss. https://de.wikipedia.org/wiki/Surrealismus (abgerufen Juli 2023).

Quellen

I. Texte

Anders, Günter: *Die Antiquiertheit des Menschen, Band 2*. Über die Zerstörung des Lebens im Zeitalter der industriellen Revolution, München: C.H. Beck, 1987.

Barthes, Roland: *Mythen des Alltags*, Frankfurt/Main: edition suhrkamp, 1964.

Die helle Kammer. Bemerkungen zur Photographie, Frankfurt: Suhrkamp, 1985.

Campbell, Falomir, Fletcher, Syson (Hrsg.): *Die Portrait-Kunst der Renaissance. Van Eyck, Dürer, Tizian …*, Stuttgart: Belser, 2008.

Canon Photokina News 1986: *Spezial-Ausgabe Photokina*, Canon Inc., 1986.

Damisch, Hubert: *Fünf Anmerkungen zu einer Phänomenologie des fotografischen Bildes*, in: Herta Wolf (Hrsg.) Paradigma Fotografie. Fotokritik am Ende des fotografischen Zeitalters, Suhrkamp, 2002.

Deken Joseph: *Computerbilder. Kreativität und Technik*, Basel: Birkhäuser, 1984.

Eco, Umberto: *Einführung in die Semiotik*, München: W. Fink, 1972.

Edgerton, Samuel Y.: *Die Entdeckung der Perspektive*, München: W. Fink, 2002.

Feininger, Andreas: *Die neue Fotolehre*, 12. Aufl., München: Knaur, 1970.

Freund, Gisèle: *Photographie und Gesellschaft*, Reinbeck: Rowohlt, 1979.

Gidal, Tim N.: *Deutschland, Beginn des modernen Photojournalismus. Bibliothek der Photographie*, Luzern-Frankfurt: Bucher, 1972.

Haberkorn, Heinz: *Anfänge der Fotografie*, Reinbeck: Rowohlt, 1982.

Hofmann, Fritz (Hrsg.): *Egon Erwin Kisch – Unter den Uhren von Prag*, Berlin: Aufbau-Verlag, 1984.

King, David: *Stalins Retuschen – Foto- und Kunstmanipulation in der Sowjetunion*, New York: Metropolitan Books, 1997.

Koetzle, Hans-Michael: *Bernd Arnold – Choreographie der Macht*, in: Leica World, 1/2000, S. 54–61.

Augen Auf! 100 Jahre Leica, Heidelberg: Kehrer, 2014.

Kolarik, Marianne: *Inka Neuberts Liebesgeschichte*, Kölner Stadt-Anzeiger, Kultur, 20.10.2001.

Kotzloff, Max: *Vom Licht verbrannt. Einige lose Gedanken über Fotografie und Erinnerung*, in: European Photography 19, Göttingen, 1984.

Löffler, Davor: *Über die Auswirkungen der Entdeckung der Zentralperspektive*, in: Endlichkeitskaskaden. Fünf Aufsätze über den Rand, Berlin: sine causa, 2009, S. 9–27.

Generative Realitäten I. Die Technologische Zivilisation als neue Achsenzeit und Zivilisationsstufe, Eine Anthropologie des 21. Jahrhunderts, Weilerswift: Velbrueck Wissenschaft 2019.

Lohman, Joachim: *Gegenwart und Zukunft der Forschung in der Fotografie*, in: ProfiFoto, März/April 1986.

Markschies, Alexander: *Brunelleschi*, München: C.H. Beck, 2011.

McLuhan, Marshall: *Die magischen Kanäle*, Basel: Verlag der Kunst Dresden, 1994.

Michael, Fritz (Hrsg.): *Die tägliche Mobilmachung*, Göttingen: Steidl, 1984.

Morris, Charles W.: *Grundlagen der Zeichentheorie. Ästhetik und Zeichentheorie*, Berlin: Ullstein, 1979.

Peters, Ursula: *Stilgeschichte der Fotografie in Deutschland 1839–1900*, Köln: DuMont, 1979.

Piaget, Jean: *Einführung in die genetische Erkenntnistheorie*, Frankfurt: Suhrkamp, 1973.

Postman, Neil: *Wir amüsieren uns zu Tode*, Frankfurt: S. Fischer, 1985.

Riedel, Peter: *Pragmatik der Photographie. Einführung in die Theorie des photographischen Realitätsbezuges*, Marburg: Tectum, 2002.

Ritchin, Fred: *Photography's new bag of tricks*, in: New York Times Magazine, 4.11.1984.

Schaden, Christoph: *Untauglich fürs Poesiealbum. Zur fotografischen Langzeitstudie Wahl Kampf Ritual von Bernd Arnold*, in: Freelens Magazin, Nr. 30, 2010, S. 16–21.

Scheurer, Hans J.: *Zur Kultur und Mediengeschichte der Fotografie – Die Industrialisierung des Blicks*, Köln: DuMont, 1987.

Schmid, Joachim: *Es kommt der elektronische Fotograf*, in: European Photography 22, Göttingen, 1985.

Sontag, Susan: *Über Fotografie*, Frankfurt: Fischer, 1987.

Spiegler, Roland: *Künstliche Intelligenz und Bewusstsein*, Selbstverlag, 2023.

Tausk, Petr: *Die Geschichte der Fotografie im 20. Jahrhundert. Von der Kunstfotografie bis zum Bildjournalismus*, Köln: DuMont, 1977.

Hans-Jürgen Usko u. Günter Schilling: Kampf am Kiosk - Macht und Ohnmacht der deutschen Illustrierten, Hamburg: Rütten & Löning, 1961.
Visuell: Baden-Baden, 1/1988.
Waller, Klaus: Fotografie und Zeitung - Die alltägliche Manipulation, Düsseldorf: Zollhaus, 1982.

II. Bildbände und Bilder in Zeitschriften

Arnold, Bernd: *Fähnchen und Jubel für Lady Di.* Britisches Prinzenpaar besuchte Köln, in: Kölner Stadt-Anzeiger, 4.11.1987, Titel.
Das Kölner Heil, Fotografien von 1986–1996, Bornheim: Schaden Verlag, 1997.
Wahl Kampf Ritual. Mit einführendem Text von **Christoph Schaden**, Mannheim: Edition Panorama, 2013.
So habe ich es gesehen. Künstlerzeitung #3, Köln: Selbstverlag, Feb. 2022
Baus, Hermann und Clärchen: ... *zum Augenblicke sagen, verweile doch!* Bilder von Hermann und Clärchen Baus aus sechs Jahren Theaterarbeit, Köln: Walther König, 1985.
Bendiksen, Jonas: *The Book of Veles,* Gost Books, 2021.
Burson, Nancy: *Composites. Computer-Generated Portraits*, New York: Beech Tree Books, 1986.
Campbell, Falomir, Fletcher, Syson (Hrsg.): *Die Portrait-Kunst der Renaissance. Van Eyck, Dürer, Tizian ...*, Stuttgart: Belser, 2008.
Chargesheimer: *Menschen am Rhein*, Frankfurt: Büchergilde Gutenberg, 1960.
Konrad Adenauer - Wahr ist, was gefällt, in: Der Spiegel, 11.9.1957.
Clemens, Adolf: *Kluge Köpfe - Portraits 1965–2005*, Bönen: Kettler, 2007.
Dewitz, Bodo v. (Hrsg.): *Chargesheimer - Bohemien aus Köln*, Köln: Greven, 2007.
Eskildsen, Ute (Hrsg.): *Der Fotograf Otto Steinert*, Göttingen: Steidl 1999.
Gräff, Werner: *Der kommt der neue Fotograf!* Berlin: Hermann Reckendorf, 1929.
Grimm, Ludwig Emil: *Lebenserinnerungen des Malerbruders*, Boehncke, Heiner und Hans Sarkowicz (Hrsg.), Berlin: Die Andere Bibliothek, 2015.
Heartfield, John: *Essay - Werkmonographien der Nationalgalerie*, Staatl. Museen zu Berlin, 1981.

Merian, Maria Sibylla: *Merian – Naturforscherin und Künstlerin (1647–1717)*, Ostfildern: Hatje Cantz, 2013.
Meyer-Veden, Hans, *Ortsbeschreibungen – Schleswig-Holstein*, Rendsburg: Claudius Kraft, 1979.
Nachtwey, James: *Inferno*, London: Phaidon Press Limited, 1999.
Reinartz, Dirk: *Kein schöner Land*, Göttingen: Steidl, 1989.
Riebesehl, Heinrich: *Situationen und Objekte*, W. Schulz-Verlag, Riesweiler, 1978.
Richards, Eugene: *Americans We*, New York: Aperture, 1994.
Salgado, Sebastião: *Genesis*, Köln: Taschen Verlag, 2013.
Salomon, Erich: *Portrait einer Epoche*, Berlin: Ullstein, 1963.
Sevcik, Anja K. (Hrsg.): *Inside Rembrandt 1606–1669*, Petersberg: Michael Imhoff Verlag, 2019.

III. Hyperlinks

Im Laufe der Jahre habe ich festgestellt, dass die meisten Webseiten umgestellt oder eingestellt wurden. So führten die sorgsam gesammelten Links nach einer Weile ins Leere. Deshalb führe ich diese Quellen gesondert auf und verweise in den Anmerkungen auf diese Stelle.

Bauernebel, Herbert und Philip Fabian: *Künstliche Intelligenz zeigt mögliche Trump-Verhaftung*, in: BILD, 21.3.2023 https://www.bild.de/politik/ausland/politik-ausland/kuenstliche-intelligenz-zeigt-spektakulaere-bilder-von-moeglicher-trump-verhaftu-83272782.bild.html (abgerufen am 21.3.2023).
Buñuel, Luis und **Salvador Dali**: *Der andalusische Hund*, 1929, in: Internet Archive, https://archive.org/details/UnChienAndalou_313/ (abgerufen Juni 2023).
Edwards, Benj: *Viral Instagram photographer has a confession: His photos are AI-generated, Artist wants to »come clean« and highlight a new media process*, in Ars Technica, 21.2.2023, in https://arstechnica.com/information-technology/2023/02/viral-instagram-photographer-has-a-confession-his-photos-are-ai-generated/ (abgerufen Mai 2023).

Chao, Jade: *Interview mit Jonas Bendiksen*, im in: Magnum-Blog, 17.9.2021: https://www.magnumphotos.com/arts-culture/society-arts-culture/book-veles-jonas-bendiksen-hoodwinked-photography-industry/ (abgerufen Juni 2023).

Dali, Salvador: *Kreuzigung (Corpus Hypercubus)*,1954, in Metropolitan Museum of Art, https://www.metmuseum.org/art/collection/search/488880 (abgerufen Juli 2023).

Digitalkamera Museum: *Technik-Geschichte der Digitalfotografie*, https://www.digitalkameramuseum.de/de/geschichte (abgerufen. Herbst 2021).

Ernst, Nico: *Die Lehren aus dem KI-Eklat bei Sonys World Photo Award*, in: Heise-Online, 20.4.2023, https://www.heise.de/meinung/Die-Lehren-aus-dem-KI-Eklat-bei-Sonys-World-Photo-Award-8974019.html (abgerufen Mai 2023).

James, Vincent: *An AI-generated artwork's state fair victory fuels arguments over ›what art is‹*, in: The Verge, 1.9.2022, https://www.theverge.com/2022/9/1/23332684/ai-generated-artwork-wins-state-fair-competition-colorado (abgerufen Juni 2023).

Jong, Bob de: *Concept and deepfake of Morgan Freeman*, in: Youtube, 7.7.2021 https://www.youtube.com/watch?v=oxXpB9pSETo (abgerufen Mai 2023).

Karras, Tero: *This Person Does Not Exist*, StyleGAN, https://thispersondoesnotexist.com (abgerufen 2021).

Kody Young: *Ever wonder what the rest of the Mona Lisa looks like?* in: Twitter, 26.5.2023, https://twitter.com/heykody/status/1662168407024996353 (abgerufen Mai 2023).

Kriesel, David: *Der Xerox Scanning Bug*, in: Website D. Kiesel, https://www.dkriesel.com/blog/2014/1229_video_meines_vortrags_auf_dem_31c3 (abgerufen 2021).

Langer, Freddy: *Bilder der Avantgarde – Es kommt der neue Fotograf*, in: FAZ, 4.12.2014, https://www.faz.net/aktuell/feuilleton/kunst-und-architektur/kunstmuseum-wolfsburg-zeigt-avantgarde-fotografie-werke-13302775.html (abgerufen 2021).

Laurent, Olivier: *Steve McCurry – I'm a Visual Storyteller Not a Photojournalist*, in: Time: 30.5.2016, https://time.com/4351725/steve-mccurry-not-photojournalist/ (abgerufen 2021).

Luminar Website: https://skylum.com/de/luminar-neo (abgerufen Winter 2021).

Magercord, Michael: Guy Meyer zitiert in: *Bilder sind stärker als Worte*. Interview, in: Deutschlandfunk, 14.5.2023, https://www.deutschlandfunk.de/fotograf-guy-meyer-102.html (abgerufen Mai 2023).

Murabayashi, Allen: *Warping Reality: Adobe's Neural Filters are Ripe for Mayhem*, in: Petapixel, 21.10.2020, https://petapixel.com/2020/10/21/warping-reality-adobes-neural-filters-are-ripe-for-mayhem/ (abgerufen Juli 2021).

McGinnis, Ryan in: *Oklahoma*, Facebook, AI Art Universe, 11.6.2023, https://www.facebook.com/groups/526007639164475/?hoisted_section_header_type=recently_seen&multi_permalinks=817116583386911 (abgerufen Juni 2023).

Nickel, Oliver: *Disney will Deep Fakes gegen Uncanney Valley nutzen*, in: golem.de, 1.12.2021, https://www.golem.de/news/cgi-in-filmen-disney-will-deep-fakes-gegen-den-uncanny-valley-nutzen-2112-161494.html (abgerufen 2021).

Profi Foto: *Synthetische Portrait Collection*, 12.1.2022, https://www.profifoto.de/szene/notizen/2022/01/12/synthetische-portrait-collection/ (abgerufen 13.1.2022).

Disney Research Hub: *Combining Traditional and Neural Approaches for High Quality Face Rendering*, https://www.youtube.com/watch?v=TwpLqTmvqVk&t=336s (abgerufen Dezember 2021).

Richin, Fred: *Photography's New Bag of Tricks*, New York Times Magazine, 4.11.1984, https://www.nytimes.com/1984/11/04/magazine/photography-s-new-bag-of-tricks.html (abgerufen 2021).

Richter, Gerhard: *Große Pyramide*, in: Website G. Richter, https://gerhard-richter.com/en/art/paintings/photo-paintings/buildings-5/large-pyramid-5773/?&categoryid=5&p=1&sp=32 (abgerufen Juni 2023).

Roose, Kevin: *An A.I.-Generated Picture Won an Art Prize. Artists Aren't Happy*, in: New York Times, 2.9. 2022, https://www.nytimes.com/2022/09/02/technology/ai-artificial-intelligence-artists.html (abgerufen Juni 2023).

Schneider, Jaron: *Tom Cruise isn't on TikTok: It's a shockingly-realistic deepfake*, in: Petapixel, 5.3.2021, https://petapixel.com/2021/03/05/tom-cruise-isnt-on-tiktok-its-a-shockingly-realistic-deepfake/https://petapixel.com/2021/03/05/tom-cruise-isnt-on-tiktok-its-a-shockingly-realistic-deepfake/https://petapixel.com/2021/03/05/tom-cruise-isnt-on-tiktok-its-a-shockingly-realistic-deepfake/ (abgerufen Dezember 2021).

Schneider, Jaron: *Scientists prove that current deepfake detectors can still be fooled*, in: Petapixel, 10.2.2021, https://petapixel.com/2021/02/10/scientists-prove-that-current-deepfake-detectors-can-still-be-fooled/ (abgerufen 20.8.2021).
Spektrum der Wissenschaft: *Das schwarze Loch*, https://www.spektrum.de/news/das-bild-des-schwarzen-lochs/1638154 (abgerufen Dezember 2021).
Stulik, Dusan und Art Kaplan: *The Atlas of Analytical Signatures of Photographic Processes*, in: The Getty Conservation Institute, 2013, https://www.getty.edu/conservation/publications_resources/pdf_publications/atlas.html (abgerufen Juni 2023).
Time: *The Press - Death Stops the Shutter*. Nachruf auf Robert Capa, 7.6.1954, https://content.time.com/time/subscriber/article/0,33009,806892,00.html (abgerufen 2021).
Ubac, Raoul: *Portrait Dans un Miroir*, 1938, in: Metropolitan Museum of Art https://www.metmuseum.org/art/collection/search/265064 (abgerufen 2023).
Van de Weghe, Tom: *Six lessons from my deepfakes research at Stanford*, JSK 29.5.2019, https://medium.com/jsk-class-of-2019/six-lessons-from-my-deepfake-research-at-stanford-1666594a8e50 (abgerufen 2021).
World Press Photo: *Contest code of ethics*, 2022, https://www.worldpressphoto.org/contest/2022/code-of-ethics (abgerufen 2021).

Danksagung

Ministerium für Kultur und Wissenschaft des Landes Nordrhein-Westfalen für die Unterstützung des Projektes So habe ich es gesehen im Rahmen des Stipendienprogramm 2021,
Alfred Büllesbach (VISUM Foto GmbH) für das Vertrauen in das Projekt,
Astrid Windfuhr (Windfuhr Kommunikation) für das unermüdliche Korrekturlesen und den vielen Menschen, die meine erwähnten Projekte tatkräftig unterstützt haben.

Lady Di und Prinz Charles,1987,
Dichografie, ki-generiert, 2023

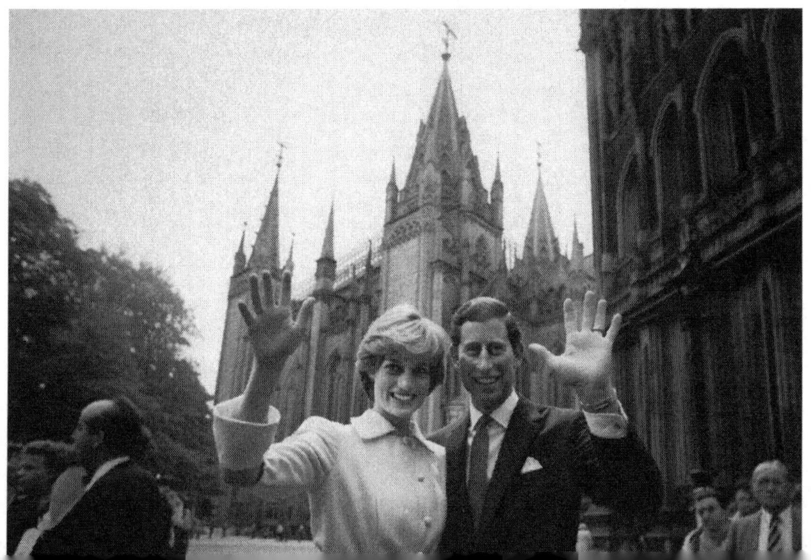

t Auth…
den Strom der Bi…
thält nur Daten zur Rekonstruk…
hobenen Spuren reflektierten Lichtes • Begri…
n ins Bewusstsein • Dokumentierende Fotografien werde…
Bilder macht Arbeit • Technologien strukturieren Realität • Zentralpe…
otografie • Malerei und Fotografie haben ein dokumentarisches Wesen • Die B…
mentarischen Raum • Bei der Konstruktion verliert ab einem bestimmten Punkt
enerierte Bilder haben keine Historie • Rekonstruktion kann alles sein, auch Im…
KI erschafft eine neue Welt • Subjektivität bewahrt das Versprechen einer Auth…
echen einer Authentizität • MI strukturiert KI strukturiert MI
hrheit sein • Es öffnet sich ein neues Universum der Bilder • Die Verknüpfung s…
r Bereiche führt zu unerwarteten Entdeckungen • Der chemisch-physikalische
r • Der analoge Bildträger ist authentisch • Der digitale Bildträger konstrui…
ben • Imitation von Fotografie ist möglich • Die neuen Techniken verändern de…
rhalt einer Authentizität der Fotografie lösen sich auf • Die Verknüpfung sch…
er Bereiche führt zu unerwarteten Entdeckungen • Der chemisch-physikalisch…
räger • Der analoge Bildträger ist authentisch • Der digitale Bildträger
lusst das Leben • Imitation von Fotografie ist möglich • Die neuen
• Die Strukturen zum Erhalt einer Authentizität der Fotografie

Bernd Arnold

Die Welt der Neuen Bilder

Dokumentarische Fotografie und KI

ger enthält nur Daten zur Rekonstruktion eines Lichtbildes •
rt auf dem Versprechen unverschobenen Spuren reflektierten
eutet Vielfalt und Einfalt • Die Bilder der neuen Welt rücken ins
de Fotografien werden umgestaltet, wenn es um Macht geht • KI, das
rbeit • Technologien strukturieren Realität • Zentralperspektive führt
hen Fotografie • Malerei und Fotografie haben ein dokumentarisches
dern erweitern den dokumentarischen Raum • Bei der Konstruktion
nkt die Fotografie ihre Authentizität • KI-generierte Bilder haben keine
n kann alles sein, auch Imitation • Einordnung befreit von alten Lasten
eine neue Welt • Subjektivität bewahrt das Versprechen einer Authentizität
bewahrt das Versprechen einer Authentizität • MI strukturiert KI strukturier…
reignisse kann Wahrheit sein • Es öffnet sich ein neues Universum der Bilder •
höriger Bereiche führt zu unerwarteten Entdeckungen • Der chemisch-physika…
träger • Der analoge Bildträger ist authentisch • Der digitale Bildträger ko…
das Leben • Imitation von Fotografie ist möglich • Die neuen Techniken veränd…
zum Erhalt einer Authentizität der Fotografie lösen sich aufDie Verknüpfung
hrt zu unerwarteten Entdeckungen • Der chemisch-physikalische Bildträger is…
e Bildträger ist authentisch • Der digitale Bildträger konstruiert Authentizi…
von Fotografie ist möglich • Die neuen Techniken verändern den Strom der B…
entizität der Fotografie lösen sich auf • Der digitale Bildträger enthält nur
s • Dokumentarische Fotografie basiert auf dem Versprechen unverschobenen
he Abgrenzung bedeutet Vielfalt und Einfalt • Die Bilder der neuen Welt rück…
en werden umgestaltet, wenn es um Macht geht • KI, das Werkzeug der Neuen
eren Realität • Zentralperspektive führt zur dokumentarischen Fotografie •
tarisches Wesen • Die Bilder hinter den Bildern erweitern den dokumentarisc…
ab einem bestimmten Punkt die Fotografie ihre Authentizität • KI-generierte Bi…
ruktion kann alles sein, auch Imitation • Einordnung befreit von alten Lasten
vität bewahrt das Versprechen einer Authentizität • Provenienz bewahrt das
riert KI strukturiert MI • Komposition politischer Ereignisse k…
niversum der Bilder • Die Verknüpfung scheinbar nicht zusammengehöriger B…
kungen • Der chemisch-physikalische Bildträger ist anders als der digitale Bil…
tisch • Der digitale Bildträger konstruiert Authentizität • Fotografie beeinfl…
glich • Die neuen Techniken verändern den Strom der Bilder • Die Strukturen z…
rafie lösen sich aufDie Verknüpfung scheinbar nicht zusammengehöriger Ber…
chemisch-physikalische Bildträger ist anders als der digitale Bildträger • Der
Bildträger konstruiert Authentizität • Fotografie beeinflusst das Leben •
…ern den Strom der Bilder • Die Strukturen zum Erhalt einer
…ält nur Daten zur Rekonstruktion eines Lichtbil…
…reflektierten Lichtes • Begriffliche A…
…mentierende Fotografien
…kturieren R…